데이터노믹스

커뮤니케이션이해총서

급변하는 커뮤니케이션 환경에서 새로운 지식에 대한 욕구가 높아지고 있습니다. 이러한 흐름에 발맞추어 하나의 커뮤니케이션 주제를 10개 항목으로 묶어서 달걀 꾸러미처럼 엮었습니다. 사회의 변화를 빠르게 알기 원하는 대중과 시대에 앞선 지식을 단시간에 알고자 하는 연구자, 실무자, 학생에게 도움이 되는 책입니다.

일러두기

- 인명, 작품명, 저서명, 개념어 등은 한글과 함께 괄호 안에 해당 국가의 원어를 병기했습니다.
- 외래어 표기는 현행 어문규정의 외래어표기법을 따랐습니다.

커뮤니케이션이해총서

데이터노믹스

김희대

대한민국, 서울, 커뮤니케이션북스, 2022

데이터노믹스

지은이 김희대
펴낸이 박영률

초판 1쇄 펴낸날 2022년 5월 20일

커뮤니케이션북스(주)
출판 등록 2007년 8월 17일 제313-2007-000166호
02880 서울시 성북구 성북로 5-11 (성북동1가 35-38)
전화(02) 7474 001, 팩스(02) 736 5047
commbooks@commbooks.com
www.commbooks.com

CommunicationBooks Inc.
5-11, Seongbuk-ro
Seongbuk-gu, Seoul, 02880, KOREA
phone 82 2 7474 001, fax 82 2 736 5047

ISBN 979-11-288-1699-4 04300
979-11-288-1799-1 04300(큰글씨책)

책값은 뒤표지에 표시되어 있습니다.

차례

제4의 물결과 경제의 제5원소, 데이터

데이터 역할 변화와 데이터노믹스 시대 요청

인류는 현재 총기록사회를 살고 있다. 오늘 아침 당신이 눈을 뜨면서부터 잠들 때까지 수많은 데이터가 공기처럼 당신을 따라다니며 기록한다. 촘촘하게 연결된 CCTV 영상 데이터, 소셜네트워크서비스(SNS)를 통해 쉼 없이 쏟아지는 텍스트 데이터와 음성 데이터, 센서 등을 통해 성생되는 로그(Log) 데이터들이 네트워크로 연결된 세계에 디지털 지문(Digital Signature) 흔적을 남긴다. 우리는 정보환경에 자신의 행위와 욕망의 이력인 소위 '일반의지 2.0'(히로키, 2012)을 네트워크 위에 쓴다.

시장조사업체 IDC에 따르면 2011년 1.8제타바이트(ZB)였던 데이터 크기가 2020년에는 40ZB까지 증가할 것으로 전망하고 있으며, 평균 2년마다 데이터가 두 배씩 늘어난다. 1제타바이트(10의 21제곱 바이트)의 크기는 어느 정도 될까? 지구상 7억 명의 인구가 1세기 동안 트위터를 쉬지 않고 사용해야 1제타바이트의 데이터가 생성된다. 또한 미국의회도서관 전체 저장 정보인 235테라바이트

(Terabyte)의 무려 400배에 해당한다. 15분마다 미국의회도서관이 보유하고 있는 만큼의 데이터가 새로 생겨난다고 생각하면 이 숫자의 규모가 어느 정도인지 잘 이해할 수 있다. 2년마다 데이터가 두 배로 늘어난다는 사실은 전자기술 분야에서 가장 유명한 법칙 중 하나인 '무어의 법칙(Moore's Law)'을 연상시킨다. 1965년 고든 무어(Gordon Moore)는 통합회로의 트랜지스터 수가 2년마다 약 두 배씩 늘어날 것이며, 이 추세는 '최소 10년 동안' 지속될 것이라고 예측한 바 있다.

데이터는 라틴어 'Datum'의 복수형인 'Data'에서 유래했으며 그 뜻은 '주어지는 것(given thing)'이다. 데이터란 '이론을 세우는 데 기초가 되는 사실과 자료'란 의미로 오랫동안 사용되었다. 특히 경영정보학, 산업공학, 컴퓨터공학 등 정보통신 관련 분야에서 데이터란 가공되기 전 원시 자료(raw fact) 상태를 의미한다. 소프트웨어 프로그래밍 관점에서 데이터는 선언된 변수에 할당되는 실제 값을 말하며, 공학적 관점에서 데이터란 컴퓨터 내부에 작동되는 0과 1의 형태로 이산된 디지털 상태다. 데이터가 가공단계를 거쳐 사용자의 의사 결정에 도움이 될 만한 정리된 형태를 지닌 정보(information)가 되고, 개개 정보의 노드들이 연결되면 판단 능력이 가능해지는 지능(intelligence)

이 된다. 특히 정보가 네트워크로 연결된 상태를 집단지성 혹은 사회적 지성(social intelligence)이라 부르기도 한다. 지능은 디프러닝(deep learning)이나 마이닝(mining) 기술에 의해 오랫동안 변하지 않는 진리나 법칙인 지혜(wisdom) 상태에 도달한다.

데이터를 확보하는 수단과 데이터에 생명을 불어넣어 처리기술의 발전으로 3V(Volume:용량, Variety:다양성, Velocity:속도)라는 속성을 가진 빅데이터의 개념이 등장하면서, 오늘날 데이터는 그 역할과 관련해 새로운 전환기를 맞이하였다. 빅데이터는 단순히 집합된 데이터가 크다는 말이 아니라는 것은 그 속성을 보면 알 수 있다. 속성을 나타내는 세 가지 V 외에도 Veracity(정확), Value(가치) 등 다양한 V를 포함하여 빅데이터의 속성을 표현하려는 움직임도 있지만, 중첩성을 제외하면 위의 세 가지가 대표적 속성이 될 것이다. 이처럼 데이터가 가지는 속성들이 달라지면서, 데이터는 새로운 산업혁명과 연결사회를 촉발하는 수단으로 진화하였으며, 데이터 그 자체가 비즈니스 모델의 목적이 되는 단계를 거쳐, 데이터를 직접적으로 사고파는 거래의 수단으로 그 역할이 발전하고 있다. 각 데이터의 역할을 살펴보면 다음과 같다.

먼저 데이터는 새로운 산업혁명과 연결사회를 촉발하

는 주요 매개 수단이다. 2016년 클라우스 슈밥(Klaus Schwab)을 포함한 글로벌 리더들이 속한 세계경제포럼은 '올해의 의제'로 제4차 산업혁명을 제시하였다. 새로운 산업혁명은 인공지능, 3D프린팅, 바이오, ICBM(IoT, Cloud, Bigdata, Mobile) 등의 기술 간 융합을 통해 가속화되고 있다. 2016년에 전 세계 이목을 가장 많이 받은 사건 중 하나는 바로 구글 알파고(Google AlphaGo)와 이세돌이 격돌한 세기의 바둑 대결일 것이다. 이 대결은 '인공지능'에 대한 대중의 관심을 환기시켰으며, 인공지능 기반 미래사회에 대한 기대와 우려에 대한 논쟁을 낳았다. 제2의 정보혁명이라고도 불리는 이러한 지능정보기술은 지구상의 모든 사람과 사물과 공간을 실시간으로 연결할 뿐만 아니라 세상을 더욱 지능화된 '초지능 정보사회'로 이끌고 있다. 그 변화의 영향력은 매우 와해적(disruptive)이어서 우리의 삶과 사회적 기틀을 근본적으로 바꿔 놓았다. 이러한 제4차 산업혁명과 디프러닝 기반의 인공지능처럼 최근 떠오른 수많은 이슈들은 모두 데이터라는 키워드가 관통한다. 제4차 산업혁명과 초지능정보사회는 데이터 기반이 없이는 불가능하다. 얼마나 많이, 그리고 얼마나 순도 높은 정제된 데이터를 확보하느냐가 지속 가능성의 핵심으로 등장하였다.

두 번째 데이터 역할은 비즈니스와 경제활동의 목적이 데이터 자체를 확보하는 역할로 진화되었다는 것이다. 구글은 검색엔진의 알고리즘을 통해 이 역할에서 가장 앞서 나가는 기업이다. 무인자동차, 알파고, 구글글래스, 안드로이드, 스마트폰, 앱스토어, 클라우드 등 다각화된 비즈니스를 구사하지만, 구글 비즈니스의 목적을 단 하나만 꼽으라면 그것은 데이터를 모으는 일이다. 말하자면, 석유 시추선이나 철광석 매장처럼 데이터 매장을 만드는 것이 그들의 비즈니스 모델이다. 데이터를 모으기 위해 구글은 검색, 지도, 사진, 데이터 저장장치 등 각종 서비스를 제공한다. 실물경제나 서비스경제 관점에서 보면 이런 서비스는 공짜처럼 보이지만, 실제로 이는 사람들이 구글에 개인화된 정보를 제공하는 대가다. 달리 말하면, 우리가 구글의 종업원으로 일하는 셈이다. 네트워크를 타고 제공되는 모든 서비스는 우리가 데이터를 제공함으로써 얻는 대가다. 보이지 않던 부분이 보이면서, 구글세(Google Tax) 등 새로운 경제적 문제가 야기된다. 모두 데이터 때문에 발생하는 문제다. 아마존(Amazon) 역시 구글과 비슷한 알고리즘을 통해 온라인 쇼핑몰에서 사용자 데이터의 행위 패턴을 분석한다. 아마존의 최종 목표는 고객이 주문하기 전에 상품을 배송하는 것이다. 행위 패턴의 빅데이터 분석을 통해 특정 사용자가 언제 구매 결정을 할지 예측해 낸다. 분석의 기초는 결국 사용자가 네트워크 내에 만든 '디지털 지문'을 통해서다. 내가 모르는 나를 네트워크는 알고 있는 것이다.

세 번째 데이터 역할은 데이터 자체가 직접 거래되어 새로운 시장의 매개 역할을 수행하는 것이다. 데이터의 중요성이 커지면서 유전이나 탄광에서 발굴되는 석유나 석탄과 같은 자원으로 인식된다. 그래서 데이터를 탐색해 정제하는 과정을 데이터 마이닝(mining)이라 표현하지 않는가. 이제 그런 데이터 자원을 사고팔고 거래하는 시장이 만들어지고 있다. 지금까지 데이터 교환의 대가는 플랫폼 업체의 서비스로만 제공되었지만, 이제는 데이터 그 자체에 가격이 매겨지고 금전으로 거래된다. 마이크로소프트(Microsoft)의 애저(Azure)데이터마켓플레이스, 한국데이터베이스진흥원의 DB스토어 등은 직접 데이터 거래장터를 운영하고 있다. 슈완 버클릿(Shawn Bucklets)이라는 네덜란드 학생이 자신의 개인 정보를 직접 온라인 비딩을 통해 판매하여 350유로의 수익을 올렸다는 재미있는 사례가 영국 테크웹 사이트인 와이어드(Wired)에 기사화되었다. 공공데이터 같은 경우 중국 구이안(貴安)시에 구축된 구이안빅데이터거래소가 있다. 구이안빅데이터거래소는

2015년 5월 중국 정부 승인을 얻어 문을 연 세계 최초 빅데이터 거래소다. 이곳에는 빅데이터 수요자인 알리바바(Alibaba), 화웨이(Huáwei) 등 기업을 비롯해 중국 70여 개 지방정부가 회원 기관으로 가입해 있으며, 직원 120여 명이 일하고 있다.

현재 주요 선진국들은 데이터 공급과 수요를 통해 거래와 유통이 이루어지는 시장을 만들어 가고 있는 추세다. 말하자면 데이터를 매개로 하는 경제 현상이 이루지게 되는데, 이러한 경제 현상은 실물경제에서 다루는 재화와 용역, 금융 경제에서 다루는 각종 금융상품, 파생상품 등에 적용되는 경제적 현상과는 사뭇 다른 특징을 띤다. 네트워크라는 즉시적이고 전체적인 접근이 가능한 환경, 양극화되는 정보의 비대칭성, 복제가능성, 비식별화 등의 특징을 지닌 경제 시스템이 구축되는데, 이것이 바로 데이터노믹스다.

데이터노믹스 구성 체계

데이터노믹스의 구성 관계는 전통적인 경제학 관점에서 살펴보면 그림 1과 같이 표현된다. 즉, 경제 주체로 데이터를 생산하는 공급자가 있고, 데이터를 사용하는 수요자가 있으며, 이러한 공급자와 생산자의 관계를 특정한 목적

그림 1 데이터노믹스의 구성 체계

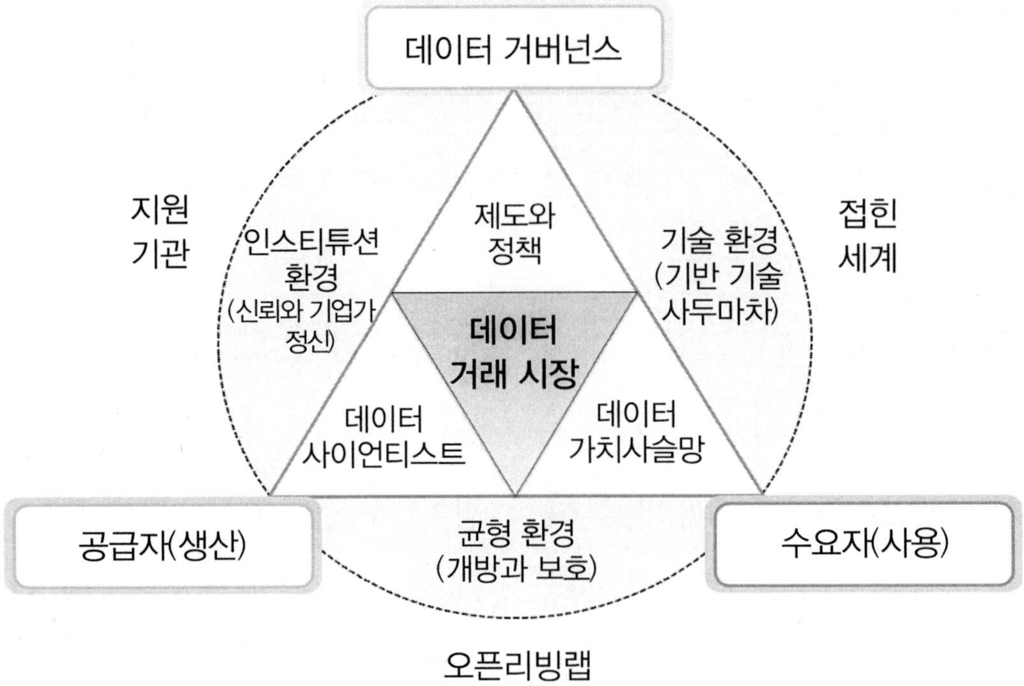

으로 환경을 조성하는 거버넌스가 존재한다(1장 참고). 특히 데이터 공급자는 데이터생태계프로세스(Data Life Cycle) 안에서 데이터를 생성하고 가치를 부여하고 폐기하는 과정에 개입한다(2장 참고).

데이터 수요자는 개인과 기업, 그리고 정부가 되며, 유통 수단은 데이터 그 자체다. 실물시장에서는 물건과 화폐, 그리고 서비스 시장에서는 서비스와 화폐의 거래다. 그러나 오늘날 디지털 플랫폼 시대에서는 거래가 곧 데이터다. 서비스가 공짜로 고객에게 전달되고, 플랫폼 사업자는 데이터를 가져간다. 롱테일 현상을 밝힌 크리스 앤더슨(Chris Anderson)은 2007년 11월 ≪이코노미스트≫에서 이러한 현상을 프리코노믹스(freeconomics)라고 명명한 바 있다. 데이터가 실제 거래되는 형태는 맞춤양복점 형태에서 거래소 형태까지 다양한 형태로 존재하며(3장 참고), 이러한 데이터를 공급하는 데이터사이언티스트라는 노동자가 존재한다. 점점 사라져 가는 소프트웨어 산업에서 오히려 데이터 노동자는 증가될 것으로 보인다(4장 참고).

데이터노믹스 내에는 가치사슬망을 형성하는 산업들이 존재한다. 이 산업의 행태는 데이터 생성에서 소멸까지, 다양한 산업적 밸류 체인이 형성되며 데이터를 중심으로 한 핀테크, 커뮤니티 비즈니스, 프로슈머형 비즈니스 등과 같은 다양한 비즈니스 모델 형태를 지닌다(5장 참고). 새로운 데이터 기반 경제 시스템은 국가별로 이미 경쟁 체제에 돌입하였고, 국가적 차원에서 데이터 주권 확보를 위한 법과 제도적인 장치가 만들어지면서, 다른 산업들과 달리 정부 주도적인 성격을 강하게 띠고 있다. 특히 정보통신 인프라가 국경 없는 경제활동을 가능하게 함으로써, 구글세 등 새로운 국가 간 협력 제도가 필요하고, 소셜펀딩, 글로벌 노동자 아웃소싱 등과 같은 새로운 금융과 노동 제도에 대한 관점이 요청된다(6장 참고).

데이터 기반 경제는 신뢰와 기업가정신의 인스티튜션(institution) 환경, 기술 환경, 산업육성과 개인 정보 보호의 균형 환경이라는 세 가지 환경 안에서 유기적으로 작동된다. 데이터 자체에 대한 신뢰가 네트워크에서 이루어지는 경우가 많기에 신뢰를 인증하는 메커니즘에 대한 고찰이 필요하다. 특히 데이터 기반으로 구축되는 공유경제, 리빙랩, 사회문제 해결형 비즈니스, 데이터 기반 스마트시티는 높은 밀도의 신뢰 문화를 요구하며, 기업가정신을 통해 데이터 활용 분야를 찾아내는 문화 구축이 산업의 성패를 좌우한다(7장 참고). 기술적 환경은 데이터노믹스를 이루는 사두마차(四頭馬車)인 빅데이터 처리·분석 기술, 클라우드 기술, 사물인터넷 기술, 블록체인 기술의 발전과 함께 고도화된다(8장 참고). 나아가 더욱 성숙한 경제 시스템이 되기 위해서는 개인 정보가 철저하게 비식별화되어 보호받아야 된다. 규제와 보안, 데이터 개방과 보호, 표준화와 비식별화 등은 마치 창과 방패처럼 길항하는 문제이기에 산업 성장과 자유로운 개인을 지키기 위해 적절한 균형점을 찾아야 한다(9장 참고).

경제의 제5원소

데이터노믹스는 경제학의 진화 과정에서 등장하는 새로운 요구들을 수용한다. 인간의 가장 본질적인 행위인 교환을 통해 가치를 획득하는 과정을 다루는 경제학은 개개인의 마음을 다루는 심리학, 그리고 관계 안에서 인간의 행위를 규명하는 사회학 등과 함께 사회과학의 기초 학문이다. 그 학문적 출발은 애덤 스미스(Adam Smith)의 『국부론』이지만, 경제 행위는 인류가 등장하면서부터 가진 생득적 행위였다. 그런 인류학적 특징 때문에 호모이코노쿠스란 말이 쓰인다.

그동안 많은 노력에도 불구하고 생산과 분배 문제를 다루는 미시경제학은 현실 설명력이 떨어진다는 비판을 받아 왔다. 그 이유 중 하나가 생산성을 극대화하는 생산함수의 외생변수(exogenous variable)가 통제 불가능하다는 점이다. 즉, 생산함수는 Y=Af(L,K)+e로 표기되는데, 여기서 Y는 (실질)총생산, A는 기술 수준, L은 노동량, K는 자본량, e는 외생변수다. 전통적인 생산함수는 노동과 자본의 관계로 생산량을 결정한다. 생산함수에서 기술(A)이란 요소도 비교적 최근의 연구 결과를 반영한 것이다. 다른 모든 요소들이 동일하다는 가정하에, 노동과 자본의 함수로 문제가 단순화된다.

여기서 문제는 외생변수에 포함될 수 있는 것들을 가늠할 수 없어, 현실 설명력이 부족해진다는 것이다. 그간 경제학의 노력은 외생변수를 어떻게 하면 생산함수 내부에 포함시켜 설명력을 높일 수 있을까에 집중하였다. 그 노력의 결과로 기술, 문화·제도 등을 내생변수로 다루는 연구들이 많아졌다. 그런데 실제로 내생변수가 많아지면, 설명력은 높으나 조절 변수가 많아져서 정책의 실효성에서 또 다른 문제를 야기한다. 지금까지 경제학은 많은 연구들을 통해 생산함수에 영향을 미치는 요소가 노동, 자본, 기술, 문화라는 것을 밝혀내었다. 이제 이러한 경제 생산함수의 현실 설명력을 더 높이기 위해 데이터라는 요소를 다섯 번째 요소로 포함시킬 필요가 있다. 데이터의 규모(scalability)를 측정하는 것이 가능해졌고 데이터의 축적된 정도가 생산에 얼마나 영향을 미치는지를 확인할 수 있기 때문이다. 데이터는 고대 그리스나 인도에서 생각했던 우주를 구성하는 물, 불, 흙, 공기라는 4원소에, 천체의 영구 운동을 설명하기 위해 아리스토텔레스가 집어넣은 '에테르(Aether)'라는 요소처럼 경제 생산함수의 제5원소로 쓰일 수 있다. 4개의 요소가 합쳐지면서 새로운 물질과 다양한 세계를 만들어 내었다면, 데이터는 인간의 생산 활동에서 창조의 원동력이 될 것이다.

데이터라는 제4의 물결

데이터노믹스의 배경에는 초연결사회로 진입하는 제4의 물결이 있다. 제1물결인 농업혁명과 제2물결인 산업혁명, 그리고 제3물결인 정보혁명의 뒤를 이을 제4의 물결은 단연 데이터혁명이다. 이 물결이 산업으로 적용되어 '인더스트리4.0'이 되고, 공간에 적용되어 지속 가능과 시민 참여가 가능한 '스마트시티'가 된다. 제4의 물결은 개인들에게 끊김 없는(seamless) 환경에서 데이터 기반의 접힌 세계(folded world)를 제공하여 각자가 디지털 세계를 만드는 신인류로 진화를 촉발한다.

우리나라는 불행한 근대사로 인해 혁명의 물결에서 선진국에 뒤처질 수밖에 없었다. 그럼에도 지난 70년간 압축성장 과정을 거치며 뒤처진 혁명의 물결에 우리나라 특유의 패스트무버(fast-mover)를 통해 근접하여 왔다. 특히 제3의 물결인 정보통신 분야에서는, 소프트웨어적 역량이 다소 부족하지만 통신과 하드웨어에서는 괄목상대할 만한 성과를 만들어 왔다. 더 나은 미래를 만들기 위해서 도도히 흐르는 혁명의 물결을 외면하면 안 된다. 데이터에 대한 중요성을 간과해서는 안 된다. 와해성 기술의 등장주기가 점점 더 빨라지는 시대이기에, 데이터노믹스를 확보하는 것은 시급한 문제다. 데이터노믹스는 탈국가

시대를 지배하는 새로운 경제체제이며, 이미 막이 올랐다. 채를 잡아야 한다. 경험적으로 볼 때, 채를 잡거나 판을 바꾸는 자가 세계를 지배한다.

참고문헌

빅데이터전략연구센터(2013). 『새로운 미래를 여는 빅데이터시대』. 한국정보화진흥원.

아즈마 하로키 지음, 안천 옮김(2012). 『일반의지 2.0』. 현실문화.

홍명희(2005). 『상상력과 가스통 바슐라르』. 살림.

Anderson, Chris(2007.11.15.). "Freeconomics". *The Economist.* http://www.economist.com/node/10094757

IDC(2011). "Extracting Value From Chaos."

Mckinsey&Company(2011). *Clouds, big data, and smart assets: Ten tech-enabled business trends to watch.*

Schwab, Klaus(2016). *The Fourth Industrial Revolution.* World Economic Forum. 송경진 옮김(2016). 『클라우스 슈밥의 제4차 산업혁명』. 살림.

Solon, Olivia(2014.4.15). "Data soul of Shawn Buckles sells for £288". *Wired.* http://www.wired.co.uk/article/shawn-buckles-is-worth-350-euros

Varian, Hal R.(2014). *Intermediate Microeconomics* (9th Edition). Norton.

WEF(2015.9.). *Global Agenda Council on the Future of Software & Society: Deep Shift Technology Tipping Points and Societal Impact.* World Economic Forum.

01

데이터의 수요와 공급, 그리고 거버넌스

데이터노믹스는 데이터의 경제적 현상을 다룬다. 데이터는 파생성, 복제성, 다형성이라는 특징으로 인해 기존의 경제학적 구성과 상이한 체계를 지닌다. 데이터노믹스에는 데이터 공급자와 수요자, 그리고 거버넌스라는 세 개의 구성 주체가 있다. 데이터 공급과 소비는 개인, 도시, 산업, 커뮤니티 기업, 국가 등 다양한 주체를 통해 이루어지며, 데이터 거버넌스는 생산과 소비가 효율적으로 작동하도록 환경과 목적 체계를 제공한다.

데이터노믹스의 등장

노믹스(nomics)라는 말은 그리스어에서 비롯된 단어로 자연 법칙을 뜻하는 피직스(physics)에 대응하여 인위적 법칙을 뜻하는 말이다. 나중에 '학문'이라는 뜻으로 확장되었다. 경제학이라는 뜻의 이코노믹스(economics)는 집을 뜻하는 '에코(eco)'와 노믹스가 합쳐져 '집 살림을 잘하는 법'이란 뜻을 가진다. 이코노믹스가 확장되어 MB노믹스, 오바마노믹스처럼 정치인이나 행정부에 붙으면 이명박 대통령이나 오바마 대통령이 가지는 경제 정책과 방향을 말하며, 소셜노믹스, 컬처노믹스처럼 사용하면 소셜네트워크나 문화산업에서 경제적 현상을 다루게 된다. 당연히 데이터노믹스는 데이터의 경제적 현상을 다룬다. 분인(分人)은 철학과 심리학에서, 밈(Meme)은 사회학에서, DNA는 생물학에서 다루는 기본 대상이라면 데이터는 데이터노믹스의 기본 대상이다.

데이터노믹스는 경제의 원형인 '교환'에서 출발한다. 유발 하라리(Yuval Noah Harari)가 『사피엔스』(2016)에서 밝혔듯 호모이코노미쿠스로서 인간이 가진 교환하는 능력은 언어를 통해 눈에 보이지 않는 것을 공유하는 능력과 함께 인간을 지구상의 지배자로 만든 주요한 특징이다.

전통적으로 경제학을 '합리적 개인의 합리적 선택' 또는

'희소한 자원의 효율적 분배'에 관한 학문이라고 정의를 하지만, 사실 '희소성'이나 '효율성'을 키워드로 경제학을 정의한 것은 (정치)경제학의 역사에서 100년도 채 되지 않는다. 적어도 19세기 말까지 경제학은 정치경제(political economy)가 전부였다. 찰스 다윈(Charles Dawin)의 진화론이 학문 전체에 근간으로 자리 잡아 가는 과정에서 토머스 헉슬리(Thomas H. Huxley)가 '적자생존'이라는 오용된 말과 함께 '진화사회학'을 유포하면서부터, 경제학은 희소성, 효율성 개념을 확장하였다. 하지만 희소성이나 효율성 개념보다 교환을 통해 서로를 이롭게 하는 개념으로 경제학을 이해하는 것이 현재의 데이터 현상을 설명하는 데 유용하다. 또한 교환과 상호 이익의 개념을 받아들임으로써 경제학은 자신의 기원을 선사시대 인류의 교환행위로 설정할 수 있었다. 그런 측면에서 앨프리드 마셜(Alfred Marshall)이 경제학을 '인간의 일상을 연구하는 학문'이라고 말한 것은 매력적이다.

데이터가 네트워크로 연결된 오늘날, 통제된 조건하에 성립했던 경제 법칙이 잘 맞지 않는 상황이 빈번해졌다. 한계생산이 체감하지 않고, 네트워크 효과로 생산량이 무한대로 증대되기도 한다. 데이터노믹스는 전통적인 경제학에는 생산함수의 제5원소 역할을 한다. 즉 경제학의 생산요소인 노동, 자본, 기술, 문화와 함께 데이터 모형을 독립변수에 내포함으로써 현실 설명력을 높인다. 더 나아가 전통 경제학에서는 국민경제의 주체인 가계, 기업, 정부가 각각 소비, 생산, 공공재 생산과 소비 등 명확히 구분된 역할을 수행했다면, 데이터노믹스에서 생산과 소비의 경제 주체는 중첩된다. 즉, 개인 · 기업 · 정부가 데이터의 생산과 소비를 동시에 담당하며, 프로슈머적 성격을 지닌다. 또한 전통 경제학이 시장의 보이지 않는 손에 의해 거래가 이루어졌다면, 데이터 거래는 네트워크 시스템을 통해 이루어진다. 거래의 대가는 실물 화폐뿐만 아니라 서비스나 비트코인, 카카오페이 등 핀테크 기반 사이버머니 등 다양한 형태로 교환된다. 또한 데이터 수요의 주체는 반드시 데이터 거래에 직접적 관여를 하지 않을 수도 있다. 여기서 데이터노믹스의 3대 구성 요소 중 소비와 거버넌스의 활동을 구체적으로 살펴보자.

누가 데이터를 소비하는가

데이터노믹스에서 데이터 소비는 개인, 도시, 산업, 커뮤니티비즈니스 기업, 국가 등 다양한 주체들에 의해 이루어진다. 특히 데이터 소비는 산업 내 기업에 의해 가장 활발하게 이루어진다. 하지만 모든 산업이 데이터를 필요로

하는 것은 아니다. 데이터에 얼마만큼 의존하는지, 얼마나 소중한 정보인지에 따라 데이터는 금맥이 될 수도 있고 그냥 더 놔두어도 되는 자산일 수도 있다. 최근 통계에 따르면, 다음 목록의 산업은 데이터로부터 이득을 얻었거나 얻을 것으로 알려져 있다.

- 소매산업(생산성 향상 관점에서)
- 통신산업(매출증가 관점에서)
- 컨설팅
- 건강 관련 산업
- 항공산업
- 건설업
- 식품산업
- 철강산업
- 기계산업
- 자동차산업
- 고객관리
- 금융산업
- 출판산업
- 물류산업

이득이 바로 손익으로 연결되지 않을 수는 있지만, 기업 입장에서 가치는 확실하다. 가령, 건강 관련 산업에 데이터 기술을 연결하면 이전의 자료에서 환자의 상태를 더 잘 이해할 수 있게 된다. 대규모 데이터를 통해 얻은 의학 정보를 토대로 저비용 고효율의 의료 진단 체계를 지닐 수 있다. 최근 IBM의 인간 뇌를 닮은 인공지능 기술인 왓슨(Watson)은 스스로 추론하고 학습하면서 발전을 거듭하고 있다. 대규모 의료 데이터를 분석하여 환자의 병 상태를 진단하여 임상 통찰력을 향상시키고 있다. 현재 왓슨은 미국 앤더슨암센터에서 암 진단 정확도 개선에 이용되고 있는데, 정확도가 96%로 전문의보다 높다는 평가를 받고 있다. 알파고가 보여 준 디프러닝은 다량의 데이터로부터 스스로 학습하며, 다루는 데이터의 범위도 의료 영상 생체 신호, 랩 데이터, 의무 기록 등으로 확대되고 있다.

도시 또한 데이터를 소비하는 주요 주체 중 하나다. 전세계적으로 도시화 진행 속도가 빨라지고 있다. 도시집중률이 2014년 55% 수준인데 2030년에는 80%에 도달할 것으로 보인다. 이러한 도시 집중은 도시의 주거, 교육, 교통, 환경 등 여러 문제를 야기한다. 각 도시들은 디지털 기술을 이용하여 이러한 도시 문제를 해결하고 도시 운영을 효율화하는 '스마트시티'를 구축하려 한다. 스마트시티는 사물인터넷과 클라우드 기술을 이용하여 도시의 모든 자원을 연결하고, 시민 참여형 도시 플랫폼을 통해 도시 서비스를 제공하며 도시의 지속가능성을 높이는 것을 말한다. 스마트시티 플랫폼에서 가장 필요한 것은 축적된 데이터다. 예를 들면, 2016년 다보스경제포럼의 발표에 의하면 2026년 자율주행자동차가 보편화될 것이라고 내다보고 있는데, 자율주행자동차가 도시 내에서 운영되려면 도시 특성이 반영된 데이터가 필요하다. 여기에는 도시 신호, 시민의 이동경로, 날씨 등 데이터화되는 모든 것들이 포함된다.

데이터 소비의 또 다른 주체는 데이터 기반 커뮤니티비즈니스를 설계하는 기업이나 개인, 노드와 관계를 중심으로 새로운 연구를 수행하는 전문가들이다. 정부 역시 데이터 소비의 강력한 주체다. 스마트한 대국민 서비스를 위해 시민 참여적인 데이터를 소비해야 한다. 구체적 사례를 보자. 현재 싱가포르에서 운행되는 비라인(Beeline)이라는 도시교통 플랫폼이 있다. 이 플랫폼을 이용해 싱가포르의 버스노선은 석 달에 한 번씩 변경된다. 시민들은 웹이나 서비스 앱을 통해 제공되는 플랫폼을 통해 직접 자신의 버스노선을 설계할 수 있다. 일정 수의 승객이 결정되면 도시는 버스를 배차한다. 이를 통해 도시는 과밀한 도시의 대중교통 시스템을 효율적으로 운영할 수 있다. 이 플랫폼의 핵심은 지리 정보와 집합적 시민들의 경로 데이터를 처리하는 기술이다.

데이터 거버넌스 확보

데이터를 획득-정제-해석-사용-메타화-폐기하는 데이터 생명 주기를 관리하고, 데이터 교환을 통해 인간을 이롭게 하는 목적을 제공해 주는 것이 데이터 거버넌스다. 데이터 거버넌스에 참여하는 이해 관계자는 데이터노믹스의 관리 체계와 제도적 장치를 마련하고, 데이터 산업의 육성 정책을 구축한다. 주로 정부나 데이터를 돕는 조직(Agency)들이 이를 담당하게 된다. 거버넌스 체계 안에서 데이터 주권을 지키며, 개인 정보 보호와 비식별화의 균형점을 찾는다. 필요한 데이터를 확보하고, 공공 데이터를 정제하여 제공함으로써 개방형 데이터 서비스를 활성화한다. 필요한 데이터의 획득과 거래가 이루어지는 데이터 거래소를 관리 감독한다. 데이터를 모으는 플랫폼 기반의 킬러 서비스를 개발하는 환경을 만들어 낸다. 가령 구글의 검색엔진, 아마존의 도서 구매 서비스같이 데이터 확보의 통로가 되는 서비스 개발을 지원한다.

우리는 플랫폼 사업자의 단계적 진입 전략(foot in door)에 휘말려 국가의 데이터 거버넌스를 부지불식 간 넘겨줄 가능성이 높다. 당장에는 구글 검색엔진이나 아마존에서 유용한 서비스를 제공받는 것처럼 보이지만, 실제 나의 개별화된 특성 데이터가 그들에게 넘어간다. 그래서 자국의 거버넌스 체계는 하방에서 생성되는 데이터를 모아서 실제 환경과 연결하고 리빙랩(Living Lab) 테스팅을 통해 데이터 경제를 만드는 과정에서 데이터에 생명을 부여하는 주도권을 가지고 있어야 한다.

참고문헌

김상훈(2012). 『빅스몰: 인터넷공유경제가 만들어낸 백만개의 작은 성공』. 자음과모음.

데이비드 그레이버 지음, 서정은 옮김(2009). 『가치이론에 대한 인류학적 접근: 교환과 가치 사회의 재구성』. 그린비.

신동희(2015). 『빅데이털러지』. 커뮤니케이션북스.

앨프리드 마샬 지음, 백영현 옮김(2010). 『경제학원리』. 한길사.

에릭 퀄먼 지음, inmD 옮김(2009). 『소셜노믹스: 세상을 바꾼 SNS 혁명』. 에이콘출판.

온혜선(2016.1.21). "김규일 미시간대 교수, 빅데이터 경제학 시대 온다". 조선비즈.
http://m.biz.chosun.com/svc/article.html?contid=2016012100190

유발 하라리 지음, 조현욱 옮김(2016). 『사피엔스: 유인원에서 사이보그까지, 인간 역사의 대담하고 위대한 질문』. 김영사.

오강탁 · 박선주(2016). "제4차산업혁명시대의 새로운 도시 전자정부 구상전략". 한국정보화진흥원.

정남지(2016.5.6). "제4차산업혁명과 도시경제". 인천발전연구원.

주영재(2016.3.29). "인공지능 왓슨, 암진단 정확도 96%". 경향비즈.
http://biz.khan.co.kr/khan_art_view.html?artid=201603291624521&code=920100#csidx5ca7ff370c27943ae13e5fa6a75cf43.

함유근 · 채승병(2012). 『빅데이터 경영을 바꾸다: 데이터는 답을 알고 있다』. 삼성경제연구소.

하원규 · 최남희(2015). 『제4차 산업혁명』. 콘텐츠하다.

한국정보화진흥원(2016). "EC, '유럽의 디지털 변환 촉진을 위한 방안’ 발표”. ≪전자정부 이슈매거진 D.gov≫, 제5호.

CNA/ly(2015.8.5.).“Beeline app launched for private bus seat bookings”. *Channel News Asia.* http://www.channelnewsasia.com/news/singapore/beeline-app-launched-for/2032058.html

O’Neil, Cathy & Schutt, Rachael(2013). *Doing Data Science: straight talk from the frontline.* O’Reilly. 윤영민 외 옮김(2014). 『데이터과학 입문: 구글, MS, 이베이 데이터과학자에게 배우다』. 한빛미디어.

02

데이터 생산 메커니즘

데이터 생산은 데이터 생태계 안에서 출발한다. 데이터 생태계는 데이터가 신생 소멸하는 공간이다. 데이터 생태계는 원시 데이터 생성 부문, 이중나비넥타이 처리 부문, 메타데이터 활용 부문으로 구성된다. 데이터 생명 주기는 생태계 내에서 데이터가 생성, 정제, 해석, 개발, 메타화, 폐기되는 과정을 말한다. 생명주기 안에서 데이터가 만들어지는 과정을 추적해 보고, 데이터 생산에서 가장 먼저 고려할 요소인 협업 메커니즘에 대해 알아본다.

데이터 생태계와 생명주기

데이터 생산은 오늘날 같은 총기록사회가 도래하기 훨씬 전부터 다양한 방식으로 이루어졌다. 기록의 역사를 살펴보면 데이터의 생산은 곧 기록의 역사다. 고대 파피루스의 기록에서 최근 클라우드 컴퓨팅의 대용량 디지털 정보에 이르기까지 매우 다양한 행태를 띤다. 그러나 어떤 형태이든 데이터가 만들어지기 전에 해결하려는 문제가 존재한다. 기록 전의 '욕망'이다. 기록을 후대에 남겨야 할 종교인, 고객 흔적을 분석하려는 마케터, 교권 침해 문제를 해결하고 싶은 사람, 복잡계 과학과 소셜네트워크 시뮬레이션이 필요한 사람, 시민 참여적인 실시간 데이터나 교통 CCTV를 통해 패턴을 분석하려는 연구자 · 기업 · 정부가 데이터 생산을 촉진한다.

생명주기를 따라 데이터 생태계의 구성 요소를 좀 더 살펴보자. 원시 데이터는 매순간 단위로 끊임없이 다양한 방식으로 생성되고 있다. 우리가 태어나서 죽을 때까지, 아침에 눈을 떠서 저녁에 잠들 때까지, 심지어 우리가 잠들거나 죽은 후에도 데이터는 생성되고 저장되고 있다. 일괄처리를 위해 저장장치에 계속적으로 쌓이든지(batch), 아니면 실시간으로 데이터가 맥박(pulse)처럼 주기적으로 생성되든지, 혹은 손으로 쓰거나 컴퓨터

그림 1 데이터의 생태적 흐름

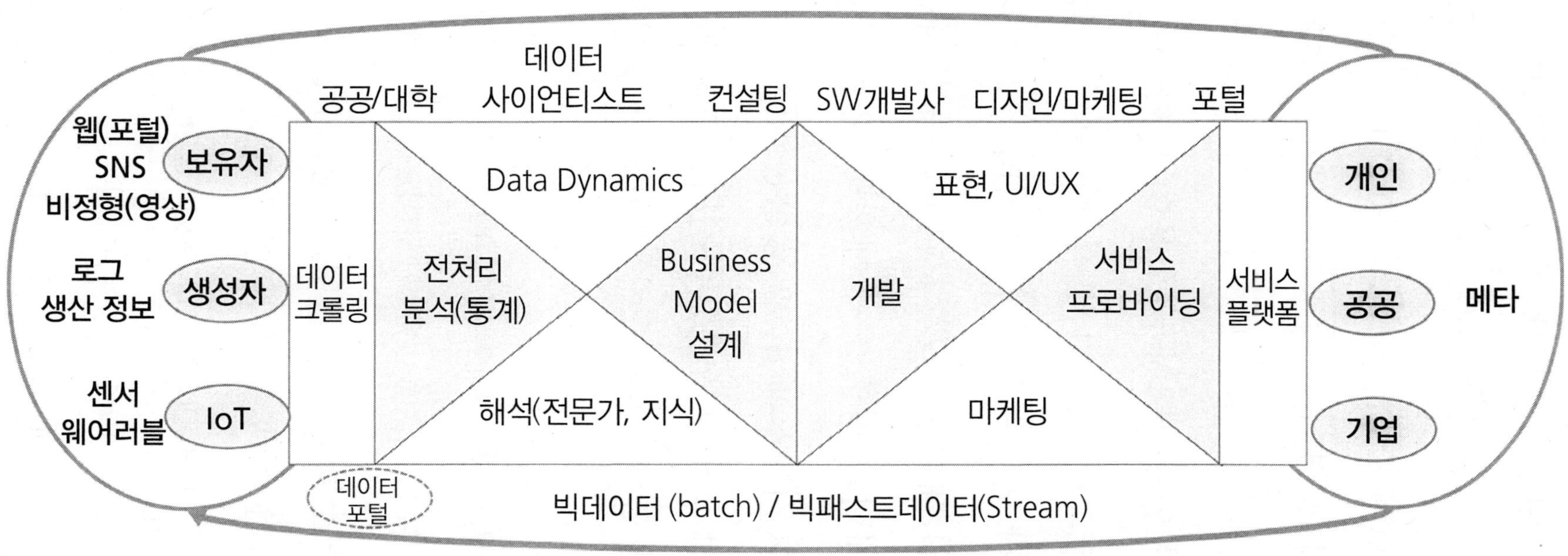

에 기록되든지 간에 끊임없이 데이터가 만들어진다. 이렇게 생성된 데이터가 의미 있는 군집데이터가 되려면 반드시 데이터의 목적(혹은 문제)이 정의되어야 한다. 문제를 위한 데이터의 정렬이 생명주기에서 첫 번째로 이루어지는 작업이다. 목적이나 해결할 문제가 없다면 데이터는 그냥 흩어져 있을 뿐 아무 소용이 없다. 예를 들면, 뉴욕경찰청이 출소자의 재범 방지라는 목적을 설정했다면, 지난 몇 년간 범죄자의 행위 데이터가 오롯이 필요해진다. 이런 행위 데이터를 분석 알고리즘에 사용하여 범죄자의 재범 패턴과 장소까지 예측해 내는 것이 가능하다. 예측 결과를 기반으로 뉴욕 경찰은 범죄가 발생하기 전 범죄 현장에 도달할 수 있게 된다. 수요(목적한 서비스 혹은 해결할 문제)는 필요한 데이터의 생성과 가공을 촉발한다.

원시 데이터는 사물인터넷 · 웨어러블 디바이스 · 모바일폰 · 뇌파 등을 통해 만들어지는 센서 데이터나 로그 데이터, 웹이나 SNS를 통한 텍스트 데이터, 영상, 음성 같은 비정형 데이터 등 다양한 형태를 띤다. 원시 데이터의 생성 주체는 공공 · 개인 · 기업 데이터 보유자, 실시간 데이터 생성자, 사물인터넷 같은 디바이스들이다.

데이터 생태계에서 실제 데이터를 처리하는, 그림 1에

서 '나비넥타이'처럼 표시된 부분은 알고리즘 구현을 중심으로 전 단계와 후 단계로 구분된다. 이중나비넥타이(Double Bowtie)의 전 단계는 생성된 데이터의 크롤링(crawling), 통계적인 전(前) 처리분석, 비즈니스 모델링, 시간에 따른 유동성을 분석하는 데이터다이내믹스, 전 처리분석과 유동성 분석에서 드러난 데이터 흐름의 정점(peak)과 저점에 대한 해석을 전문가와 협업하여 알고리즘을 만드는 네 개의 모듈로 구성되어 있다. 나비넥타이 후 단계는 실제 서비스 모듈을 생성하는 단계로, 해석된 알고리즘을 개발, 사용자 인터페이스나 경험설계, 마케팅, 서비스 프로바이딩 체계를 갖추어 서비스 플랫폼에 장착하는 과정으로 역시 네 개의 모듈로 구성되어 있다.

메타데이터는 실제 문제 해결이나 목적한 서비스에 사용된 후 나타나는 데이터를 말하며, 개인, 공공, 기업 등 데이터 소비자에게 전달된다. 또한 메타데이터는 쌍방향 커뮤니케이션이 이루어지는 공간에서 생성되는 2차 데이터를 포함한다. 이러한 메타데이터는 다시 원시 데이터의 단계로 전환이 이루어지거나 폐기되어 소멸된다.

데이터의 보이지 않는 손: 누가 데이터를 생산하는가

생명이 목적을 따라 존재하듯, 데이터 역시 수요에 이끌리어 생명주기를 따라 존재한다. 무작위의 데이터는 집합, 정제, 해석되는 과정을 거치며, 개발되는 서비스나 시스템의 실증 값으로 흘러간다. 데이터 생명주기 전 과정에 데이터 노동자인 데이터사이언티스트가 개입한다. 데이터사이언티스트의 범위는 매우 넓다. 데이터의 변환 과정에 개입하는 모든 사람을 데이터사이언티스트로 볼 수 있다.

이러한 데이터사이언티스트가 데이터를 가공 변환하기 전에 일차적으로 원시 데이터가 생성되는 과정이 존재한다. 원시 데이터의 생성은 각종 사물인터넷 디바이스나 센서를 통해 만들어진다. 우리가 숨 쉬는 공간인 우주는 수많은 데이터로 가득 차 있다. 모든 움직이는 존재는 데이터를 만든다. 움직임, 전파, 뇌파, 변화, SNS상의 떠드는 소리, 음성, 영상, 문서, 텍스트 등은 마치 맥박(pulse)처럼 생겨난다. 데이터의 움직임이 변화를 만들고 변화는 우주의 본질일 제행무상(諸行無常), 즉 해 아래 새 것이 없는 세계를 보여 준다. 인위적으로 만드는 데이터도 있지만, 자연적으로 생성되는 데이터도 있다. 일반적으로 생성된 데이터는 순간적으로 소멸된다. 여전히 99%의 세계가 연결되어 있지 않고, 만들어지는 대부분의 데이터는 소멸되지만, 기술의 발달은 세계의 본질에 조금씩 더 가까이 다가가게 한다. 대규모 저장장치, 전송 기술, 센서 기술, 영상 기술, 네트워크 기술 등 IT의 발달은 사라지는 데이터를 획득하고 오랫동안 붙잡아 저장하는 것을 가능하게 한다. 가령 IPv6 네트워크는 이론적으로는 원자 단위까지 주소를 부여하여 센서를 부착하고 데이터를 확보할 수 있다. 우리가 해결하려는 문제 혹은 수요가 무엇이냐에 따라 실시간(stream) 데이터를 사용할지, 패턴 분석을 위해 이미 저장된(batch) 데이터를 사용할지만 결정하면 된다.

데이터를 생성하는 주체는 사물, 개인, 조직, 국가, 도시 등 모든 움직이는 존재다. 데이터를 보유하는 주체도 매우 다양하다. 하지만 생성되거나 보유하는 데이터는 목적(수요)이 특정될 때만 존재가 드러난다. 비로소 의미가 덧입혀져 꽃이 되는 것이다. 다음의 사례들은 이것을 설명한다.

야노 가즈오(失野和男)라는 사람이 있다. 그는 히타치 중앙연구소 소장이다. 그는 데이터 분석으로 인간 삶의 근원적 물음과 법칙을 발견하려 한 유별난 사람이다. 그는 개인의 운과 행복 같은 추상적 주제들과 자신의 활동 데이터가 어떤 관계를 보이는지 분석하려 했다. 그래서 히타치 직원들을 대상으로 명찰형 웨어러블 센서를 부착하게 하고, 대면 정보(누가 누구와 몇 분 동안 만났나), 신체 움직임 정보(몸짓의 크기와 빈도, 보행 중인가 또는 머물러 있는가), 위치 정보(사무실, 회의실, 휴게실 등 어디에 있는가)를 모았다. 그리고 일주일에 단 10분씩 '이번 주의 좋았던 일'을 기록하게 하였다. 이러한 신체의 활동량 데이터를 통해 행복은 어떻게 오며, 성과는 어떻게 만들어지며, 행복은 어떻게 전염되며, 운은 어떻게 만들어지는지를 측정하는 모형을 만들었다.

또 다른 사례를 들어 보자. 하루 동안 미국인의 감정 변화를 알려면 어떤 데이터를 사용해야 할까? 그 방법은 트위터에서 긍정과 부정의 해시태그(hashtag)를 추출하여 시각적으로 보여 주는 것이다. 이를 통해 실시간으로 현재 미국인의 감정 변화를 읽을 수 있다. 이런 감정의 변화를 읽으면 광고회사나 마케팅회사는 시간대별로 어디를 타기팅할지 알 수 있을 것이다.

2016년 8월 미국컴퓨터협회(ACM) 주최로 시애틀에서 열린 제5회 웹검색및데이터마이닝국제콘퍼런스(WSDM)에서 "SNS 활동과 관련된 금융 시계열 분석"이라는 논문이 발표되었다. 이 논문은 특정 기업에 대한 트위터 해시태그를 중심으로 실제 주식시장 변동을 비교하여 패턴 알고리즘을 개발하였다. 더 나아가 이들은 이 알고리즘을 따라 4개월 동안 컴퓨터 시뮬레이션으로 주식을 사고팔아서 평균 수익률보다 훨씬 나은 성과를 기록했다.

국가가 운영하는 대규모 데이터 보관소인 '데이터닷거브(Data.gov)'라는 곳이 있다. 미국이 데이터 강국 전략의 일환으로 구축한 이 사이트는 미국의 모든 공공 데이터를 디지털화하여 국가를 디지털로 전환하고 있으며, 그 과정을 오픈하고 있다. 단순히 데이터를 오픈하는 데 그치지 않고 개발자를 위한 공개 API까지 제공한다. 이렇게 오픈된 데이터는 디지털 강국의 지속가능성과 시민 참여적 서비스의 개발을 활성화한다. 국가가 운영하는 대규모 데이터보관소는 미국뿐만 아니라 영국(Data.gov.uk), 유엔(data.un.org) 등도 운영하고 있으며, 대규모의 데이터를 개방하고 있다. 한국도 국가 데이터를 정부3.0의 기치 아래 개방하고 있지만, 인증서 로그인 과정, 홍보 부족으로 활용도가 매우 낮은 실정이다.

데이터를 생산하는 또 다른 기지는 기업군이다. 보험회사, 온라인쇼핑몰, 병원, 통신회사 등 수많은 기업에서 데이터를 생산한다. 특히 서비스 플랫폼을 제공하는 회사들이 더 활발하게 데이터를 생산한다. 여기에는 수많은 개인들의 데이터들이 포함되어 있다. 이 데이터는 누구의 소유일까? 이런 문제들은 앞으로 여러 단계의 논의 과정이 필요하다. 어쨌든 기업은 데이터를 생성하거나 확보함으로써 지속가능성을 담보할 수 있기 때문에 이미 구글과 아마존 같은 글로벌 대기업들은 데이터 확보 전쟁에 돌입하였다.

한편 우리가 문제 해결을 위해 어떤 시스템을 설계할 때, 필요한 데이터가 존재하지 않는 것처럼 보이더라도 사용할 데이터는 존재한다는 믿음을 가져야 한다. 데이터는 존재하는데 다만 아직 실체를 드러내지 않았다는 것이 좀 더 정확한 표현이다. 새로운 데이터를 생성시키기보다 우선적으로 가용한 기존의 데이터를 활용하면서 반복적으로 테스팅하여 추가적 데이터를 확보해 간다. 만약 어떤 수요나 목적한 시스템에 특정될 데이터가 현존하지 않는다면, 어디서 그런 데이터를 확보할 것인가, 혹은 대체될 수 있는 데이터가 있는가를 고민하면서 시스템을 디자인해야 한다. 데이터가 존재하지 않는 문제 해결 시스템은 있을 수가 없기 때문에, 데이터 획득을 위한 플랫폼 구축을 먼저 고려해야 한다.

데이터 생산 과정에서 협업 메커니즘

데이터를 생산하는 과정에서 상호 협업 메커니즘은 매우 중요하다. 데이터사이언티스트는 주어진 데이터에서 마이닝의 여러 기법을 활용하여 패턴을 발견할 수 있다. 그러나 그 패턴이 가지는 의미를 정확하게 설명할 수는 없다. 데이터 패턴에서 의미를 추출하기 위해서는 현장 전문가의 도움이 필요하다.

협업 메커니즘을 이해하기에 앞서, 우리는 데이터가 실제로는 객관적이지 않다는 사실을 알아야 한다. 데이터는 우리가 보고 싶은 대로 보인다. 데이터가 절대적으로 객관적이라는 믿음이 사람들에게 있다. 그래서 마이닝을 열심히 하면 무언가 진리에 도달할 것처럼 보인다. 그러나 명백하게 말하면, 우리는 진리에 대한 근사치, 즉 주관적인 모형화(modeling)에 도달한다. 모든 데이터는 모형화를 통해 드러난다.

모형이란 무엇인가? 모형은 건축적이든 생물학적이든 혹은 수학적이든, 하나의 특정한 렌즈를 통해 현실의 성격을 이해하고 표현하려는 시도다. 수학에서는 함수식이고, 사회과학에서는 종속변수와 독립변수의 관계이고, 프로그래밍에서는 알고리즘이다. 데이터를 생산하고 변화하는 과정은 궁극적으로 하나의 모형을 만드는 데 그 목적이 있다. 즉, 현실 문제 해결이나 목적한 시스템을 구축하기 위해 현실 설명력이 높은 모형을 만들어야 한다. 현실에 대한 설명력을 높이려면 현장 전문가와 데이터사이언티스트의 협업이 필수다. 효과적인 협업을 위해 여기서 탐색적 데이터 분석(EDA, exploratory data analysis)과 협력적 탐험 플랫폼(CoDIP, Collaborative and Exploratory Platform for Data Dynamics Interpretation) 두 가지 방법론을 소개하고자 한다.

EDA는 레이첼슈트와 케시오닐(Rachel Schutt & Cathy O'Neil)이 쓴 『데이터과학 입문』에서 말한 것인데, 현실 세계에서 원시 데이터를 뽑고 정제 과정을 거쳐 그래프로 시각화하고 알고리즘을 만든다. 바로 이 알고리즘을 만들기 전 단계에서 가설을 설정하는데, 이때 현장 전문가와 협업을 통해 데이터의 의미를 추출한다. 이 과정을 거친 후에라야 기계학습을 통해 하나의 모형을 만들어 낼 수 있다.

CoDIP는 최근 인포리언스회사의 최진혁 박사가 특허를 낸 것으로, 데이터 분석 모형에서 협력적 모델에 대한 매우 구체적인 방법론을 제시하고 있다. EDA가 정제한 데이터에서 가설을 설정하는 단계에 전문가와 협업을 강조한다면, CoDIP는 데이터 생명주기 전 과정에서 현장 전문가와 협업할 것을 강조한다. 또한 데이터 포털을 통해 데이터 패턴의 시각화된 자료를 제공하고, 다수의 전문가 참여를 가능하게 하여, 현실 설명력을 높이려 한 것이 특징이다.

데이터사이언티스트는 패턴을 발견하고 모형을 만들고 알고리즘을 개발한다. 그러나 데이터사이언티스트가 좀 더 명료하게 해석하고 시각화를 하려면 팀원, 현장 전문가, 공학자 등과 끊임없이 커뮤니케이션을 해야 한다.

참고문헌

김희대 외(2015). 『지역특화형 빅데이터활용 기반조성방안 연구』. 대구광역시.

야노 가즈오 지음, 홍주영 옮김(2015). 『데이터의 보이지 않는 손: 휴먼 빅데이터로 밝혀낸 인간 조직 사회의 법칙』. 타커스.

Bollen, Johan, Mao, Huina, & Zeng, Xiao-Jun(2010). Twitter mood predicts the stock market. *Journal of Computational Science*, 2(1), March 2011, pp.1~8.
Available: https://arxiv.org/pdf/1010.3003.pdf

Mislove, Alan, et al.(2010). "Pulse of the Nation: U.S. Mood Throughout the Day inferred".
http://www.ccs.neu.edu/home/amislove/twittermood/

O'Neil, Cathy & Schutt, Rachael(2013). *Doing Data Science: straight talk from the frontline*. O'Reilly. 윤영민 외 옮김(2014). 『데이터과학 입문: 구글, MS, 이베이 데이터과학자에게 배우다』. 한빛미디어.

Ruiz, Eduardo J. & Castillo, Carlos(2012). *Correlating Financial Time Series with Micro-Blogging Activity,* WSDM'12, February 8 – 12, 2012, Seattle, Washingtion, USA.

UN Pulse Lab. http://www.unglobalpulse.org/pulse-labs

03

진화하는 데이터 거래 시장

데이터 거래는 특수한 목적하에 문제 해결을 하려는 주체가 필요한 데이터를 보유하거나 생성하는 주체로부터 특정한 대가를 지불하고 매매하는 행위를 말한다. 여기서 주체는 개인, 기업, 정부 등을 말하며, 특정한 대가는 금전적 부분뿐만 아니라 공짜로 제공되는 서비스 등 다양한 형태로 존재한다. 데이터 거래의 배경, 데이터 거래 시장 형태, 데이터 거래 활성화를 위해 필요한 요건들을 살펴본다.

데이터 거래의 배경

라이프 스캐닝(life scanning) 기술이 실시간으로 거대한 데이터 광산을 만들어 낸다. 데이터 광산의 채광을 통해 새로운 먹을거리가 부상함에 따라 데이터를 거래하는 비즈니스 모델이 필연적으로 나타난다. 혁신적 비즈니스 기술 분야의 독보적 인터넷 매체인 '테크니컬 크런치(Technical Crunch)' 편집자 길 엘바즈(Gil Elbaz)는 2012년 9월 "데이터 장터: 떠오르는 데이터 경제"라는 칼럼에서 "새로운 데이터 마켓은 계속 진화하고 있고 비즈니스 공동체에 의해 받아들여지고 있다"면서 데이터 장터가 데이터 경제의 중심으로 등장할 것임을 예측한 바 있다. 현재 세계 각 국가는 정부 기관과 민간 기업들이 자국의 데이터 산업 성장을 촉진시킬 수 있는 구체적 방안을 만들려고 경주하고 있다.

현재 국내 데이터 거래는 주로 데이터 판매 또는 데이터 분석 컨설팅을 수행하는 공급자와 데이터 수요자 간 일대일 계약에 의해 이뤄지고 있다. 이 상황에서 수요자는 다양한 공급자가 보유한 데이터 유형과 품질을 비교하기 어려워 일단 낮은 수준의 서비스 가격을 제시하게 된다. 반면 공급자는 보유 데이터에 대한 추가 수요 발생 여부가 불확실하므로 높은 가격을 받으려고 한다. 즉 데이터 수요자와 공급자 간 데이터 가치에 대한 인식이 달라 수요 · 공급 가격의 차이가 발생하는 가격 불일치(price discrepancies) 현상이 존재한다. 당사자 간 필요에 의한 매매는 「개인정보보호법」과 「저작권법」 등 관련 법에 의해 거래가 불가능한 데이터가 내재하는 경우가 발생할 우려가 있다. 이를 위해 데이터 공급자와 수요자의 탐색 비용을 최소화하고, 시장 참여자를 확대할 수 있는 데이터 거래 시장 조성이 선행돼야 한다.

데이터 거래 시장의 발전 형태

데이터 거래 시장은 데이터가 가지는 잠재적 가치에 따른 이해당사자의 거래다. 거래 시장은 자동화 정도와 부가가치 생성 정도를 기준으로, 일대일 데이터 맞춤 거래, 비정형 데이터 직접 제작 거래, 데이터유통센터 거래, 멤버십 거래 등으로 구분된다. 건국대학교 이영환 교수는 2015년 자신의 논문에서 이것을 각각 맞춤양복점, 철물점, 식료품상점, 거래소 등의 재미난 이름으로 부르기도 하였다. 데이터 거래 형태를 좀 더 자세히 소개하면 다음과 같다(이영환 외, 2015).

데이터 수공업 형태인 일대일 데이터 맞춤 거래는 고객이 원하는 데이터를 데이터 분석가가 재단하여 보고서 형태로 제공하는 것을 말한다. 데이터 분석가가 일일이 개입하여 데이터를 재단하고 분석한다. 정형 데이터보다는 비정형 데이터 분석에 더 많이 집중하여 분석 작업에 특화된 형태의 데이터 마켓이라는 특징이 있다. 이 유형의 장터는 Data.com, InfoChimps.com, Kaggle.com 등이 있다. 주로 일대일 거래 형태로 거래가 이루어진다.

비정형 데이터 직접 제작 거래는 분석할 수 있는 도구(tool)와 함께 데이터를 공급하는 형태의 마켓이다. 종래의 목재 판매소에서 공구와 목재를 한꺼번에 고객에게 판매하고, 고객이 가구를 직접 조립하거나 제작(DIY, do-it-yourself)할 수 있게 한 것처럼 데이터를 제공하는 형태다. 비정형 데이터 또는 정형 데이터에 상관없이 고객이 궁극적으로 데이터를 가공하고 분석할 것이라는 전제하에 데이터를 판매한다. 판매되는 데이터 분석 도구가 일반인이 사용하기에 다소 어렵다는 단점이 있지만 비정형 데이터 분석을 위한 약간의 노하우를 익히면 매우 유용하게 활용할 수 있다. 다수의 비정형 데이터를 판매하고 구매하기에 적합하다. 이 유형의 예는 MS 애저데이터마켓플레이스(MS Azure Data Marketplace), 한국 EBS 클립뱅크(ClipBank) 등이 있다.

데이터유통센터 거래는 사용자들이 충분히 데이터를

다룰 수 있다는 전제하에 데이터만 판매하는 형태의 비즈니스 모델이다. 비정형 데이터 직접 제작 거래가 분석 도구와 함께 제공하는 것과 달리, 데이터유통센터 거래는 쉽게 사용할 수 있는 데이터만 판매해야 하기 때문에 좀 더 정형화된 데이터를 제공하게 된다. 이 유형의 예는 DataMarket.com, DB스토어(DBStore.or.kr) 등이 있다. 이 유형에는 각국에 만들어지고 있는 공공 정보 공개 포털이나 디지털 리소스뱅크 등이 있다.

이상의 데이터 거래 형태는 거래 상호 간에 식별이 가능한 정형화된 거래다. 이와는 달리 멤버십 형태로 운영되는 데이터 거래 방식이 등장하였는데, 향후 발전 지향적인 시장 형태로 자리 잡을 가능성이 높다. 멤버십 운영 거래는 거래 자동화 형태와 데이터 기반 거래소 형태가 있다.

멤버십 거래 자동화 형태는 가입된 멤버로부터 확보한 데이터를 가공해 주고, 매도자와 매수자가 협상에 의해 가격을 결정하는 것을 도와주는 방식이다. 2차적인 데이터 가공이 가능하다는 점에서 앞서 설명한 데이터 수공업 형태와 차이가 있다. 멤버가 가지고 있는 데이터를 1차적으로 가공하여 구매자가 목적하는 시스템에 API 형태나 모듈 형태로 최적화되도록 제공한다. 현재 이런 방식으로 운영하는 대표적 사례는 중국 구이안빅데이터거래소다.

구이안빅데이터거래소는 정부 데이터, 의료, 금융, 중소기업, 전자상거래, 에너지, 교통, 상품, 소비, 교육, 사교, 사회 관련 데이터를 보유한 80개의 멤버 회사를 가지고 있다. 공급측은 멤버십으로 관리되지만 수요자는 불특정 다수에 열려 있다. 특히 거래소는 하나하나의 데이터 종류에 대해 자동 가격 설정 시스템을 가지고 있어 거래 쌍방이 통일된 가격조회 시스템을 활용해 실시간 가격으로 거래하게 된다.

멤버십 기반 데이터 거래소 형태는 금융거래소처럼 공급자와 수요자 모두 가입된 멤버들에 의해 운영되며, 정형 데이터의 유통에 집중한 형태로 자동화 정도가 매우 높은 특징이 있다. 특히 가격 결정이 선물처럼 비딩(bidding)을 통해 이루어지며 데이터의 가공 공정에 집중함으로써 파생적인 부가가치를 높이는 장점이 있다. 또한 이 모델은 비정형 데이터를 파일 형식으로 거래할 수 있다. 멤버십 기반 거래소는 아직까지 이론적으로만 제시되고 실제로 구축된 사례는 없지만, 데이터유통센터 거래보다는 진화된 형태다. 멤버십 거래소 형태는 이론적으로는 부가가치가 가장 크게 생성되는 동시에 가장 자동화된 거래 형태로서 생산성과 효율성을 모두 가진 데이터 거래 시장이다. 이 모델의 장점은 비식별화를 통해 「개인정보보호법」을 준수할 수 있고, SQL 표준화 기술 기반 위에 최소한의 확장만으로 거래 언어로 사용이 가능하며, 신용·품질평가 서비스를 포함하여 데이터를 유통시킬 수 있는 장점이 있다.

데이터 거래 활성화를 위한 요건들

데이터 거래가 활성화되려면 먼저 거래 시장에서 보유한 데이터 종류와 품질을 수요자가 쉽게 확인할 수 있어야 한다.

수요자 입장에서는 데이터 시장에 나와 있는 다양한 데이터를 비교해 부가가치 창출에 필요한 데이터를 합리적인 가격에 구입할 수 있고, 객관적인 의사 결정에 도움이 되는 새로운 데이터를 찾아 유용하게 사용할 수 있어야 한다. 공급자 입장에서는 보유한 데이터를 시장에 내놓아 수요가 존재하는지, 시장 내 가치는 어느 정도인지 판단할 수 있어야 추가 수익 창출을 위해 더욱 부가가치가 높은 데이터를 생산하게 된다.

또한 개인 정보 처리 부분이 안정화되어야 한다. 개인 정보 보호를 위한 비식별화 수준이 너무 높지 않아야 하며, 반대로 식별 가능한 개인 정보의 보호가 시장 요구와 균형을 이루어야 한다. 지난 2016년 7월 6개 정부부처가 합동으로 비식별 정보 유형에 대한 명확한 기준을 제시하기 위해 '빅데이터 활용 개인 정보 비식별 조치 가이드라인'을 발표했다. 가이드라인을 통해 빅데이터 관련 산업이 국내 경제의 새로운 성장 동력으로 자리 잡을 수 있는 초석이 될 것이라고 정부는 발표하였다. 그러나 이로 인해 공익과 부가가치 창출을 위한 공공기관과 기업체의 비식별 데이터 활용이 본격화될 것인지에 대해서는 여전히 의문이 든다. 현재 비식별화 가이드라인의 수준이 너무 높아 거래 활성화를 저해하지 않을까 염려되는 부분이 있다. 나아가 법제화를 전제로 비식별화 논의 자체가 무의미하다는 시각도 존재한다(이영환, 2015).

마지막으로 데이터 거래를 활성화하기 위해 지불 수단의 다양화가 이루어져야 한다. 데이터가 문제 해결을 위한 원유로 쓰이는 것에서 더 나아가 핀테크 개념에서 언급되는 비트코인을 통한 화폐의 대체재가 되어 가고 있는 추세다. 삼성페이, 카카오페이는 사실 데이터(숫자)만 오고 간다. 실물 화폐 시대의 종결이다. 지금까지 현금의 대체재가 카드였다면, 이제는 카드 같은 물리적 대체재를 넘어 지불이 디지털 대체재로 이루어지는 상황이다. 객체 지향 세계에서 디지털 대체재는 복제성, 파생성 등 디지털의 속성을 그대로 상속한다. 말 그대로 데이터가 곧 경제인 시대다. 데이터 거래를 활성화하려면 디지털 대체재 지불수단의 활성화도 충분히 고려되어야 한다.

참고문헌

관계부처 합동(2016.6.30). 『빅데이터 활용 개인정보 비식별 조치 가이드라인』. 미래창조과학부

신영진(2012).공공분야의 빅데이터 추진과 개인정보보호에 관한 연구: 개인정보 보호법의 주요 내용과 개선과제를 중심으로. ≪Internet and Information Security≫, 제3권 3호, 90~105쪽.

유지연(2013). 미국 데이터 브로커 현황. ≪정책보고서≫ 제25권 13호(통권 558호). 정보통신정책연구원.

윤미영(2013). 주요국의 빅데이터 추진전략 분석 및 시사점. ≪과학기술정책≫, 제23권 3호, 31~43쪽.

이봉규(2010).미국 클리어링 하우스의 역할. ≪전파방송통신저널≫, 25권, 40~45쪽.

이영환 · 전희주 · 윤정연(2015). 데이터산업에서 창업활성화를 위한 데이터 거래소 제안: 금융거래소형 데이터거래소를 중심으로. ≪한국창업학회지≫, 제10권 2호, 28~49쪽.

이영환(2016.8.12.). 비식별화 전제 법 논의는 헛된 노력. ≪Tech M≫. http://techm.kr/bbs/?t=D6

정보통신기술진흥센터(2016). 중국의 빅데이터 활용현황. ≪해외 ICT R&D 정책동향≫, 2016-1호.

최경진 외(2012). 『빅데이터 환경에서 개인정보보호 강화를 위한 법 제도적 대책방안연구용역 결과보고서』. 개인정보보보위원회.

최병고(2015.11.2).“왕산쇼우 中귀양빅데이터거래소 대표”. ≪매일신문≫. http://www.imaeil.com/sub_news/sub_news_view.php?news_id=60916&yy=2015

Elbaz, Gil(2012.9.30.) “Data Markets: The Emerging Data

Economy". *TechCrunch.*
https://techcrunch.com/2012/09/30/data-markets-the-emerging-data-economy/

04

데이터사이언티스트

최근 국내외에서 빠르게 성장하는 직업이 등장하였다. 구인구직 전문 사이트 글래스도어가 미국 최고 인기 직업 25개 중 1위로 선정한 직업, IBM이 앞으로 100만 명을 육성하려는 직업, ≪하버드비즈니스리뷰≫가 선정한 21세기의 가장 섹시한 직업. 그것은 바로 데이터노믹스의 꽃인 데이터사이언티스트다. 데이터사이언티스트의 배경과 특징, 그리고 데이터사이언티스트가 갖추어야 할 역량을 개괄한다.

데이터사이언티스트의 등장

데이터사이언티스트는 기본적으로 데이터를 분석해 의미 있는 메시지를 찾아내는 일을 하는 사람이다. IT 분야의 대표적 리서치 기관인 가트너그룹은 데이터사이언티스트에 대하여 "복잡한 비즈니스 문제를 모델링하고, 인사이트를 도출하며, 통계학, 알고리즘, 데이터 마이닝 그리고 시각화 기법 등을 통해 그 속에서 기회를 찾아내는 사람"으로 정의하고 있다. 나아가 데이터사이언티스트는 앞의 정의에 더하여, 용량이 크고 다양한 유형의 데이터세트를 다루는 데 능숙하고, 특정한 목적의 컴퓨팅 환경에서 데이터베이스 아키텍처를 수립할 수 있으며, 분석 결과를 이해관계자들과 커뮤니케이션할 수 있어야 한다. 하지만 비즈니스 문제를 모델링하고 데이터를 이해하는 데 도움이 되는 특정 산업 영역에 대한 지식이 반드시 필요한 것은 아니다. 데이터사이언티스트는 문제 식별 및 모델링에서부터 데이터 저장, 처리, 분석 그리고 활용까지 데이터와 관련된 전체 업무의 가치사슬(value chain)상에서 전문 지식과 역량을 보유한 사람이다. 그야말로 데이터 세계의 히어로라 할 수 있다.

위의 정의에서 우리는 중요한 두 가지 특징을 알 수 있다. 첫째, '용량이 크고 다양한 유형의 데이터세트를 다루는 데 능숙'하다는 것과 둘째, '분석 결과를 이해관계자들과 커뮤니케이션할 수 있어야 한다'는 것이다. 이 두 가지 요소가 데이터사이언티스트라는 역할이 새롭게 주목받고 있는 배경인 동시에, 기존의 데이터 분석가들과 구분되는 차별화된 요소라고 할 수 있다.

데이터사이언티스트에 대한 관심 커진 가장 큰 이유는 역시 빅데이터의 출현이다. 빅데이터의 특성상, 저장되는 데이터 유형이 다양하고 그 크기 역시 과거와 비할 수 없을 만큼 커졌다. 이러한 데이터를 처리하기 위한 소프트웨어 및 하드웨어 역시 기존과는 완전히 다른 기술이 적용됨에 따라, 빅데이터 분석을 수행하는 인력에게 요구되는 업무 능력 역시 확대 및 변경되고 있다.

예를 들어 스트리밍 데이터, 이미지, 동영상 파일 등을 분석에 활용하려 한다면 기존의 관계형 데이터베이스 처리 기술이 아닌 분산 병렬 처리를 지원하는 하둡 파일 시스템(Hadoop File System)과 NoSQL을 사용할 수 있어야 한다. 혹은, 분석 시나리오에 대한 검증을 위해 'R'와 같은 분석 툴로 직접 분석 엔진 프로토타입을 개발할 수 있어야 한다. 빅데이터로 인해 발생한 이러한 변화는 기존의 비즈니스 인텔리전스 분석가, 통계 전문가에게 요구되던 업무 범위를 넘어선다. 그래서 이러한 역할을 수행할 수 있는 새로운 인력에 대한 수요가 발생한 것이다. 데이터사이언티스트는 그래서 등장할 수 있었다.

다른 직업들과 차이점

이미 오래전부터 기업에는 데이터를 분석하고 결과를 리더에게 리포팅하는 역할을 수행하는 직무가 있어 왔다. 이러한 직무를 부르는 명칭은 조직마다 다를 수 있지만 일반적으로 비즈니스 분석가, 데이터 분석가, 데이터 아키텍처 혹은 비즈니스 인텔리전스 분석가라는 직함을 가지고 있다. 이들은 기업 내 데이터를 식별하여 저장·처리하고 주요 리포트를 작성·생성하여 보고하는 업무를 담당한다. 오늘날의 관리자들은 의사 결정 시 정확한 데이터에 근거한 분석·예측 결과를 요구하고, 나아가 단순 데이터 보고를 넘어 데이터에 대한 인사이트를 얻고자 한다. 단순히 과거의 추세나 통계적 지표 수치를 보고받고 참고하는 것이 아니라, 데이터사이언티스트가 포함된 분석팀이 수립한 비즈니스 모델링을 바탕으로 결과를 예측하려는 경향을 보인다. 따라서 이러한 요구를 충족하는 데이터사이언티스트가 되기 위해서는 비즈니스 환경, 제약 조건에 대한 높은 이해가 필요하고, 조직 내 여러 부서 구성원들과 원활한 협업을 수행할 수 있어야 한다. 이와 같은 역할 변화에 대한 요구는 가트너에서 수행한 데이터사이언티스트 구인 목록 분석에서도 잘 드러난다. 분석 결과를 보면 데이터사이언티스트에게는 다음과 같은 특성이 요구됨을 알 수 있다.

- 데이터사이언티스트는 개별적으로 업무를 수행하는 기존의 통계 분석가와는 달리 팀에 소속되어 활동한다.
- 데이터사이언티스트는 빅데이터 분석을 해야 한다.
- 데이터사이언티스트의 주요 기술 능력은 기계학습(Machine Learning), 컴퓨팅 그리고 알고리즘이다.
- 데이터사이언티스트는 원활한 커뮤니케이션을 해야 한다.

조직에서 데이터를 다루는 인력은 데이터엔지니어, 데이터사이언티스트, 머신러닝사이언티스트로 구분된다. 이중에서 데이터사이언티스트의 업무를 단순화하면, 데이터에서 패턴을 찾아내 비즈니스 기회로 연결하는 직업으로, 데이터를 다루는 프로그래머(컴퓨팅 능력), 데이터에서 패턴을 찾아내는 통계학자(통계 능력), 비즈니스 영역의 컨설턴트(통찰력)라는 세 개의 직업이 융합되었다고 할 수 있다.

데이터사이언티스트에게 요구되는 역량

데이터사이언티스트는 문제를 정의하고, 자료 추출 · 정제, 자료 저장 · 관리, 원시 데이터를 수작업을 통해 다른 형태로 전환하거나 매핑하는 데이터 랭글링(Data Wrangling), 탐색적 데이터 분석(EDA), 대화형 분석 및 시각화 분석, 엔지니어들과 협업, 어려운 통계 작업, 예측 시스템 및 모델 구축, 이해관계자에게 모델 배포, 모델 모니터, 스토리텔링, 보고서 쓰기 등의 작업들을 수행할 수 있어야 하고, 이는 데이터사이언티스트 개인의 영역이라기보다 데이터사이언스팀의 분업이 필요한 영역이기도 하다. 이 과정에서 필요한 역량을 좀 더 구체적으로 살펴보면 다음과 같다.

먼저, 데이터사이언티스트는 상상력과 창의성이 기반이 돼야만 자신이 갖고 있는 능력을 제대로 발휘할 수 있다. 데이터 분석은 가설을 세우고 그 가설이 맞는지 검증하는 과정이다. 가설을 세우는 그 자체에서부터 데이터사이언티스트의 상상력이 들어가기 시작한다. 또한 데이터를 처리하고 모델링할 때와 결과물을 바탕으로 예측 방안을 내놓을 때도 창의적 아이디어가 필요하다. 거기에다 데이터 분석 과정마다 그 모든 가능성들을 연결할 수 있는 스토리를 만들어야 하는데, 이때도 어김없이 상상력과 창의력이 요구된다.

빅데이터 전문 업체 피보탈(Pivotal)에서 데이터사이언티스트로 활약하고 있는 그레그 턴퀴스트(Greg Turnquist) 이사에 따르면, 데이터사이언티스트는 원하는 질문에 혼자 답할 수 있는 기술을 갖출 필요가 있기 때문에 SQL 언어, 라이브러리 기능, 통계 분석 언어인 R, 파이썬과 같은 스크립트 언어 정도는 소화할 수 있어야 한다.

또한 데이터사이언티스트는 주로 데이터를 다룰 수 있는 전통적인 컴퓨터 사이언스 분야의 기술부터, 데이터의 의미를 찾는 데 도움을 주는 수학·통계학과 함께 커뮤니케이션 능력, 예술적 능력을 아우르는 기술이 필요하다. 특히 커뮤니케이션 스킬이 필요한 이유는, 데이터가 획득되는 최초의 단계부터 피드백으로 반영되는 최후의 단계까지 데이터사이언티스트는 끊임없이 데이터가 가지는 의미를 해석하고 합리적인 이야기를 만들어 내야 하는 스토리텔러 역할을 하기 때문이다. 또한 데이터 분석 알고리즘의 흔한 한계로 알려진 일련의 숫자로 나열된 결과 형태보다는, 데이터에서 도출된 숫자들을 이해하기 쉽게 직관적인 그래프 혹은 그림으로 표현해 내는 과정이 중요하다. '백문이 불여일견'이라는 말처럼, 데이터사이언티스트들이 '수만 가지 숫자보다 한 번 보는 것이 낫다'라는 말을 만들어 낼 정도로 데이터가 가지는 의미와 중요성을 보여주는 최후의 데이터 시각화 과정에서 커뮤니케이션 능력 및 창의적 능력이 요구되고 있다. 이상과 같은 데이터사이언티스트에 필요한 역량을 세 가지로 정리하면 빅데이터 확보 처리 역량, 주도적(Proactive) 분석 역량, 새로운 비즈니스 창출 역량이 될 것이다.

데이터사이언티스트 되기

과거에 데이터를 분석할 때는 분석가에게 대부분 정제된 데이터를 넘겨줬다. 양이 적어서 가능한 일이었지만 지금은 레코드뿐만 아니라 필드의 양도 엄청 늘었기 때문에 데이터를 타인이 정제한다는 것은 불가능하다. 그래서 아이디어에 맞게 바로 데이터를 뽑아내 자유자재로 운용할 수 있는 능력은 데이터사이언티스트의 가장 기본적 능력이라고 할 수 있다.

현재의 우리가 사용하는 데이터사이언티스트 개념은 상당히 넓은 의미를 가지고 있다. 데이터를 얼마나 기술적으로 다룰 것인지, 응용에 무게를 둘 것인지, 다양한 학문과의 융합에 치중할 것인지 등 다양한 길을 갖고 있다.

보통 대학에서는 컴퓨터공학과, 통계학과, 산업공학과가 주로 이 분야를 다루고 있지만, 지향하는 바는 조금씩 다르다. 하지만 분명한 건, 데이터사이언티스트가 되려면 계속 진화하는 다양한 학문과 융합에 대한 지속적 학습이 필요하다는 것이다. 게다가 데이터마이닝의 본질은 데이터 자체이기에, 너무 수치에 집중하게 되면 데이터의 근본을 놓쳐 버리는 우를 범할 수도 있다. 나무를 깊게 들여다보면서 동시에 숲을 고려할 수 있어야 한다. 무엇보다 지금의 생활 주변 환경에서 어떤 데이터를 추출할 수 있고 어떻게 이용하면 더 나은 방식을 만들어 낼 수 있을지를 항상 고민하는 사고습관이 필요하다. 이러한 노력과 지속적 학습을 해낼 수 있다면, 분명 근접한 미래에 그 누구보다 섹시한 직업을 가질 수 있을 것이다.

참고문헌

김유성(2013.5.22). "빅데이터 기술자 귀하신 몸. 일자리 400만 개". ≪이데일리≫. http://www.edaily.co.kr/news/NewsRead.edy?SCD=JH41&newsid=02719126602811544&DCD=A00804&OutLnkChk=Y

김진영(2016). 『헬로데이터 과학』. 한빛미디어. URL: http://www.hellodatascience.com

사토 히로유키 외 지음, 정인식 옮김(2014). 『데이터 과학자, 무엇을 배울 것인가』. 제이펍.
유선일(2014.3.1). "데이터 사이언티스트". ≪전자신문≫.
이지영(2012.3.18). "데이터 과학자가 되려면". ≪블로터닷넷≫. URL: http://www.bloter.net/archives/101318
임동진(2012.5.9). "21세기의 비즈니스 연금술사 데이터 사이언티스트". ≪DBguide.net≫. 한국DB진흥원.
차하리아스 불가리스 지음, 안성준 옮김(2014). 『데이터과학자』. 프리렉.
황치규(2015.9.8). "신유망직종, 이터사이언티스트의 조건". ZDNet Korea. https://www.zdnet.co.kr/news/news_view.asp?artice_id=20150908095330
ITWorld 편집부(2015. 7. 6). "IBM, 스파크 커뮤니티에 합류...100만 데이터 사이언티스트 육성 계획 발표". ITWorld. http://www.itworld.co.kr/news/94360
Davenport, Thomas H., & Patil, D. J.(2012). The 6 hottest new jobs in IT Data Scientist: The Sexist Job of the 21st Century. *Harvard Business Review*, October 2012.
Florentine, Sharon(2013.10.7). "UC 버클리 대학이 데이터 과학자 과정을 개설한 이유". CIO코리아. http://www.ciokorea.com/print/18570
O'Neil, Cathy & Schutt, Rachael(2013). *Doing Data Science: straight talk from the frontline*. O'Reilly. 윤영민 외 옮김(2014). 『데이터과학 입문: 구글, MS, 이베이 데이터과학자에게 배우다』. 한빛미디어.

05

데이터 밸류 체인

데이터로부터 가치 창출은 미래 사회를 변화시킬 주요 동력이 되며 사회 혁신, 경제적 성장, 공공서비스 지원 등 사회 · 경제 · 공공 사회 전 분야에 중요한 영향을 준다. 데이터가 새로운 가치로 변환되는 과정에서, 스타트업 기업부터 플랫폼서비스기업까지 새로운 가치사슬망이 형성되어 데이터 기반 산업 생태계가 만들어진다. 산업 생태계는 기존에 볼 수 없었던 데이터 중심의 가치를 촉발하고 혁신 비즈니스 모델을 등장시킨다.

데이터 가치

데이터 수집 · 이동 · 정제 · 저장 · 분석 비용이 감소하고 사회경제적 활동이 인터넷 중심으로 이동하면서 기술적, 사회경제적 흐름의 집합이 거대한 규모의 데이터 생성을 주도하고 있다. 일반적으로 '빅데이터'라고도 하는 이 거대한 규모의 데이터는 새로운 산업, 프로세스, 제품을 육성하는 가치사슬망을 만들어 낸다. 경제 · 사회적 활동은 오랫동안 데이터에 의존해 왔지만, 오늘날 데이터의 증가된 규모 · 속도 · 정확성으로 인해 사회경제적 가치가 더욱 강조되고 중요해졌다. 이것은 우리 사회가 데이터 중심의 사회경제적 모델로의 이동을 알리는 신호이기도 하다.

데이터로부터의 가치 창출은 미래 사회를 변화시킬 주요 동력이 될 것이며 사회 혁신, 경제적 성장, 공공서비스 지원 등에 종래와 다른 파괴적 영향을 준다. 데이터 기반 산업 가치사슬망은 새로운 일자리와 기업의 창출을 가능하게 하고, 데이터 분석이 모든 단계와 영역에서 의사 결정을 지원하는 기본 사항이 될 것이다. 헬스케어부터 교육, 에너지, 엔터테인먼트, 자율주행자동차 같은 스마트 이동체 등의 모든 분야에서 데이터의 가치는 혁신에 연료를 공급하고 새로운 비즈니스 모델을 개발하고 생산성의 성장을 지원하며 사회적 도전 과제에 대응할 수 있는 핵심 요소가 된다. 이러한 데이터의 잠재적 가치를 이해하고 선제적으로 집중하고 있는 유럽에서는 유럽 전체 산업에 잠재적인 빅데이터 가치를 선점할 수 있는 생태계 시스템 개발에 집중하고 있다.

데이터는 공공, 산업, 개인 등 많은 분야에 영향을 미친다. 이런 분야에 영향을 미치는 효율성, 개인화, 새로운 제품과 서비스 측면에서 데이터의 가치를 살펴보면 다음과 같다.

- 효율성: 데이터 기반의 의사 결정은 기업 및 공공 기관들이 조직상의 운영과 업무 프로세스를 향상시키고 효율성을 향상시키며 경쟁자들보다 더 나은 서비스를 제공할 수 있다.
- 개인화: 모바일 기기 및 사물인터넷 기반 환경에서의 데이터 수집 및 분석은 개인화에 집중한 새로운 서비스와 비즈니스 모델을 창출하고 성능 향상을 가져다 준다.
- 새로운 제품 및 서비스: 데이터 기반의 애플리케이션과 데이터 분석은 새로운 비즈니스 모델을 창출하고 더 나은 제품을 계획할 수 있게 할 뿐만 아니라 완전히 새로운 제품을 생산할 수 있도록 한다. 혁신적인

비즈니스 모델을 가진 새로운 기업이 탄생하여 협업적인 데이터 가치 창출이 가능하도록 시장에 진입할 수도 있다.

데이터 생태계 관점에서 데이터 산업은 데이터 가치사슬에 나타난 데이터의 생성-저장-분석-가공 및 활용 등의 활동을 포함하여 데이터로부터 가치가 창출되는 일련의 모든 과정, 그리고 이와 연관된 활동들이 포함되어야 한다. 따라서 데이터 산업은 '데이터의 생산 · 수집 · 처리 · 관리 · 유통 · 분석 · 활용 등을 지원하거나 이와 관련된 제품과 서비스를 제공하는 산업'으로 정의할 수 있다. 데이터는 기업의 자산이며 효율적이고 유연한 기업 운영 및 미래 경쟁 우위 확보를 위한 자원이다.

새로운 가치를 창출하는 데이터 산업의 가치사슬망에 대해 살펴보기에 앞서 데이터 생명주기에 대한 이해가 필요하다. 데이터 가치는 데이터 생명주기에 따라 창출되고, 이 가치들은 사회 · 경제적 활동을 통해 거래되며, 이 연속적 활동들이 데이터 생태계를 형성하기 때문이다.

데이터를 수집 · 저장 · 가공하여 활용하는 일련의 가치 창출 활동은 일반적으로 데이터-정보-지식-지혜로 변환하는 과정(DIKW, Data-Information-Knowledge-Wisdom)

으로 불려졌다. 전통적으로 데이터 축적과 정보화 과정은 데이터베이스 산업에서 이루어졌고, 지식과 지혜는 인간의 영역으로 간주되어져 왔다. 오늘날은 거대한 데이터를 축적하고 처리하고 활용할 수 있는 과정이 데이터-인사이트-실행 과정(DIA, Data-Insight-Action)으로 변화하고 있다. 단순히 데이터를 저장하고 관리하는 과정을 넘어 데이터를 분석하고 의미를 찾아 이를 실행하는 과정으로 발전해 나가고 있다는 의미도 내포되어 있다.

데이터를 둘러싼 환경 변화에 따라 데이터 가치사슬이 변하면서, 주요 국가들은 데이터 기반 산업 육성 정책에서 데이터를 통한 가치창출 활동들, 이를테면 데이터 가치사슬 구축, 데이터 주도 경제(Data Driven Economy), 데이터 주도형 혁신(Data Driven Innovation) 등을 정책 목표로 설정하는 특징을 보이고 있다.

데이터는 원유와 마찬가지로 원재료보다 다양한 응용 분야에서 더 가치 있게 사용될 수 있다. 가치를 창출하기 위해 데이터는 처리 및 결합 등 다양한 과정을 거쳐야 한다. 기업에게 이러한 과정은 민첩성과 확장성을 제공하여 비즈니스 문제를 해결할 수 있는 능력을 확보하는 것이라 할 수 있다. IBM에서는 데이터 생명주기에 따라 각각의 단계를 다음과 같이 제시하였다.

- 발견(Discover): 디지털 세상에서 기업들이 내외부의 문제점들을 해결하는 데 도움을 줄 수 있는 수많은 소스로부터의 데이터들을 포함한다. 이러한 데이터들은 비용, 적용 범위, 품질에 따라 평가되고 활용되어야 한다.
- 수집(Ingest): 데이터 처리 시스템에서 데이터를 가져오는 과정이다.
- 처리(Process): 수집 단계 다음에 즉시 데이터 처리를 통해 많은 애플리케이션들이 데이터로부터 가치를 창출하기 위해서는 많은 새로운 방식들이 요구된다.
- 지속(Persist): 비용 효율적인 분산 저장은 데이터를 지속적으로 유지하기 위해 많은 선택사항을 제공한다. 포맷 또는 데이터베이스 기술의 선택은 종종 가치사슬의 다른 단계의 특성에, 특히 분석 단계로부터 영향을 받는다.
- 통합(Integrate): 빅데이터의 더 큰 가치는 다양한 데이터 소스로부터 새로운 인사이트를 찾을 수 있다는 것이다. 통합은 사소하지만 중요한 과정이다.
- 분석(Analyze): 가치사슬의 다른 모든 과정은 분석에 좌우된다. 데이터 관리인으로 칭할 수 있으며 데이터 사이언스의 80%를 구성한다. 새로운 인사이트와 행

동은 도구와 플랫폼에 따라 다양한 결과를 도출하는 데이터로부터 파생된다.

- 노출(Expose): 데이터로부터 가치를 창출하는 마지막 단계로 분석 결과를 나타내어 조직에 유용한 가치를 창출하는 단계다.

데이터 가치사슬

가치사슬은 시장에 가치 있는 제품 또는 서비스를 전달하기 위해 조직이 수행하는 활동의 연속을 모델화하는 의사결정 지원 도구로서 사용되었다. 가치사슬을 이해하고 최적화하기 위해 조직의 일반적 부가가치 활동을 분류하고 가치사슬의 각 단계인 입력-변환-출력 단계를 구성하는 하부 시스템을 보여 주어야 한다. 각 단계에서 데이터의 흐름으로 다시 추적해 보면 데이터 가치사슬이 형성되는 것을 확인할 수 있다. 각 단계는 이전 단계에서 생성된 데이터로부터 가치와 유용한 인사이트를 새롭게 생성하여 다음 단계로 보낸다. 또한 데이터 가치사슬은 데이터 기반 기업들 간 사슬망을 촉진한다. 우리는 이것을 '데이터 산업 가치사슬망'이라 부른다. 데이터 산업에서 기업들의 가치사슬망은 산업 내 활동 기업들의 신생 · 소멸을 과정이 포함되어 있다. 가치사슬망을 구성하는 기업들은 데이터 기반 스타트업 기업에서부터 투자 서비스 기업, 인수합병 기업, 구글 같은 서비스 플랫폼 기업까지 체인처럼 연결되어 있다. 특히 데이터 기반 스타트업은 종래의 벤처 창업과 또 다른 특징들을 보여 준다.

EU는 2013년 데이터 기반 생태계 활성화를 통한 데이터 서비스 및 상품 경쟁력 강화를 위해 '데이터 기반 가치사슬 전략'을 수립하였다. 이는 데이터 생명주기 및 가치사슬 단계와 단계별 활동에서 가치 창출에 집중한 전략이다. EU는 데이터 관련 기술 및 시장의 변화로 인해 데이터 주도형 경제로의 패러다임의 변화를 감지하고, 이에 대비한 정책 및 전략을 마련하고자 하였다.

유럽의회(European Commission)에서는 데이터 가치사슬이 미래 지식 경제의 중심임을 강조하며 좀 더 전통적인 분야(교통, 금융 서비스, 건강, 제조업, 소매업 등)에서도 디지털적 발전의 기회를 가져다줄 것이라면서 데이터 가치사슬을 '산출-분석 · 활용-저장 · 보존'이라는 데이터 생명주기 단계로 제시하였다. 여기서 다시 데이터의 분석과 활용 단계를 데이터에 부가되는 가치에 따라 '검증-수집 · 통합 · 처리-분석 · 시각화 · 리포팅-서비스 · 제품 · 통합 서비스'라는 세부 단계로 구분하였다. 유럽의회에서 제시한 데이터 기반의 가치가 부가된 서비스 및 제품에 대한 사례는 다음과 같다.

- 가치가 부가된 결합 서비스: 광범위한 데이터 서비스와 결합된 톰슨로이터(Thomson Reuters) 재무정보 서비스
- 데이터 서비스와 제품: 석유 산업을 위해 설계된 의사결정 지원 시스템, 교통정보 · 지도 · 기상정보를 포함한 앱
- 분석 · 시각화 · 리포팅: 어귀파이(Augify, SNS 분석, 미디어 · 뉴스 분석, 재무 분석 서비스), 쿼드리그램(Quadrigram, 정보 시각화 서비스), 인스턴트아틀라스(InstantAtlas, 인구통계학적 데이터, 지도 시각화 서비스)
- 통합 · 중계 · 전처리: 멘델레이(Mendeley, 논문 관리 및 공유 서비스), 데이터마켓(DataMarket, 공공데이터와 기업, 기관 데이터를 통합하는 분석 및 시각화 서비스), 탈렌드(Talend, 데이터 통합, 관리, 기업 애플리케이션 통합 솔루션 서비스)
- 데이터 검증: 데이터퍼블리카(Data Publica, 고객 수요에 맞춰 데이터 처리), 타임트릭(Timetric, 자산 데이터 분석을 통해 재무, 경제 리서치 서비스), 듀딜

(Duedil, 다양한 영역에서 수집한 기업데이터를 디지털화하여 서비스)

한편 OECD 역시 데이터 생명주기를 '생성-수집-저장-처리-배포'의 6단계로 제시하고 가치사슬을 설명하면서, 데이터를 이용한 경제적 경쟁력 강화와 혁신, 그리고 지속적 발전이 가능한 데이터 주도형 경제로의 전환이 중요함을 강조하였다. 데이터 주도형 경제란 데이터 관련 연구와 혁신이 촉진되고, 유용한 지식과 자본이 확대되며, 더 많은 사업 기회가 창출되고, 서로 다른 주체들이 상호 작용하여 조화로운 생태계를 만들어 나가는 것을 말한다. 데이터 주도형 경제 체제를 갖추기 위해서는 신뢰성 · 호환성이 높은 고품질 데이터, 그리고 이를 분석 · 활용할 수 있는 인프라, 데이터로부터 가치를 창출해 편리한 사회를 만들어 내는 환경 등이 필요하다고 강조하였다.

민간 기업인 시스코(CISCO)에서도 데이터 가치사슬을 실무적인 입장에서 제시하였다. 즉, 어디에서나 데이터에 접근할 수 있어야 하며, 어디에서나 분석이 가능하고, 애플리케이션 간 관련 데이터들의 이동을 돕는 프로세스를 조율하고, 고객 또는 직원들이 맥락에 맞는 데이터를 활용할 수 있도록 하여 실시간으로 필요한 행동을 즉각적으로 수행할 수 있도록 하는 과정으로 데이터 가치사슬을 설명한다.

데이터 기반의 혁신 비즈니스 모델

데이터를 수집하고 분석하여 가치 있는 정보로 영향력을 발휘할 수 있는 기회들이 증가하면서 기업들은 의사 결정 시점에서 좀 더 데이터에 의존하게 된다.

기업에게 데이터는 지금까지 기업이 겪어온 경험의 집합이자 히스토리이며 전략적 자산이다. 고객과 상호작용의 결과물로 데이터 기반 기업의 비즈니스 모델 혁신은 마케팅 및 영업, 부정 및 사기방지, 핵심 사업 역량의 개선, 고객 응대 등 비즈니스 가치사슬 전 분야에서 가능하다. 비즈니스 혁신 사례를 살펴보면 다음과 같다.

해외의 경우, 영국의 아비바(Aviva)생명은 차량 내 운행 기록 장치에 운전자의 운전 패턴을 수집 분석하여 맞춤형 보험 상품(Aviva RateMyDrive)을 제공하고 있으며, 사우스웨스트항공은 고객 정보를 분석하여 쇼핑 습관 및 구매 패턴 등에 따라 맞춤형 광고를 제공하여 고객관계를 관리한다. 내부 프로세스 및 효율성 개선의 성과를 도출한 사례로는 DHL이 소비자의 물류 서비스 이용 흐름과 패턴을 파악하고 배송 정보를 분석하여 실시간 교통 상황, 지리 환경적 요소, 주문자 상황 등을 고려한 배송 경로를 실시간으로 적용하여 배송을 최적화하고 비용도 절감하였다. GE는 산업재 기업에서 데이터 분석을 통해 생산성 향상을 구현할 수 있는 GE소프트웨어를 설립하고 'Prdix'라는 빅데이터 분석 플랫폼을 개발하여 산업 인터넷(Industrial Internet)을 구현하였다. 구글은 데이터센터 서버와 기타 장비들의 사용 시간 및 에너지 사용량에 대한 운영 데이터를 분석하여 최적화 운영 방안을 적용하였으며, 패스트패션 업체 자라(ZARA)는 빅데이터 분석을 통해 전 세계 매장 판매 데이터를 실시간으로 분석하고 수요 높은 의류를 공급할 수 있는 물류망을 구축하여 재고 최소화와 매출 극대화를 실현하였다.

국내의 경우, 유유제약은 '베노플러스'라는 연고에 관한 26억 건의 소셜 데이터를 분석하여 잠재 고객 정보를 평가하고 교차 판매 증대를 위한 제품을 추천하는 등 마케팅에 데이터 분석을 활용하여 50% 이상의 매출 증대를 도출하였다. 대한생명은 보험사기방지 시스템을 구축하여 예측 분석을 이용함으로써 연간 50억 원의 사기 방지 효과가 발생하였다. 포스코는 원재료 가격 상승 대비 및 원재료 확보를 위해 철광석 가격 예측과 생산 공정 개선에 빅데이터 분석을 활용하였는데, 이를 통해 제품의 생산 효율, 검사,

정비 개선을 통해 생산과 공급의 효율성을 높였다. 아모레퍼시픽은 B2C 데이터를 분석하여 고객 진화 단계 모델을 수립하고 각 단계별 마케팅 전략을 구사하여 높은 고객 만족을 실현하였다.

참고문헌

송민정(2013). "빅데이터(Big Data)를 활용한 비즈니스모델 혁신". ≪과학기술정책≫, 통권 192호, 86~97쪽.

최재경(2016). "빅데이터 분석의 국내외 활용 현황과 시사점". ≪KISTEP R&D InI≫, 제14호, 33~43쪽.

김동식 · 김인현 · 정병주 · 황재훈 · 심규석(2015). 『2015 데이터산업 백서』. 한국데이터베이스진흥원.

Curry, Edward(2016). "The Big Data Value Chain: Definitions, Concepts, and Theoretical Approaches". *New Horizons for a Data-Driven Economy part II*, pp.29~37.

European Commission(2014). "European Big Data Value Strategic Research & Innovation Agenda". EU. https://ec.europa.eu/digital-single-market/en/news/strategic-research-and-innovation-agenda-big-data-value-europe

Harikrishnan, Hari(2016.5.9.). "Data Value Chains: Making Data Dance for Your Business". Cisco Blogs. http://blogs.cisco.com/analytics-automation/data-value-chains-making-data-dance-for-your-business

IBM Big Data & Analytics Hub(2014.11.10). http://www.ibmbigdatahub.com/blog/understanding-data-value-chain

OECD(2013). *Exploring Data-Driven Innovation as a New Source of Growth - Mapping the Policy Issues Raised by "Big Data"*. OECD Digital Economy.

06

데이터노믹스의 기반 제도

데이터노믹스는 눈에 보이지 않는 데이터의 경제적 가치를 다루기 때문에 기존 산업 성장 제도로 산업 육성을 견인하기에는 한계가 있다. 이미 각국은 데이터노믹스를 향한 경쟁 대열에 합류하여, 디지털 국가 전환과 데이터 기반 산업 육성에 박차를 가하고 있다. 이 장에서는 인텔리전트 국가 전환, 데이터 기반 주권 강화, 실시간 시민 참여가 가능한 데이터 시대에 국가 정보화 전략, 디지털 산업 육성 정책, 데이터노믹스의 핵심인 데이터 거래를 활성화하기 위한 정책과 관련 제도, 데이터 거래의 결제 수단 중 하나인 핀테크 관련 현황을 짚어 본다.

데이터 시대에 맞는 국가정보화 전략

데이터를 생산하고 보유하는 주체 중 하나인 국가는 데이터 개방이라는 매우 중요한 역할을 수행한다. 현재 각국은 대규모 예산 투입 없이 체계적인 공공 데이터의 공개만으로도 놀라운 효과를 거둘 수 있음을 인지하고 국가의 주요 정책 어젠다로 채택하고 있다. 공공 정보 개방을 선도하고 있는 미국의 경우, 공공 정보 개방 정책의 일환으로 헬스케어 분야의 공공 데이터를 국민이 활용하기 쉽게 개방하였고, 이를 통해 수많은 기업, 스타트업, 비영리단체들이 관련 데이터를 활용할 수 있게 되었다. 공공 분야의 헬스케어 데이터 개방만으로 2013년 1월 한 달에만 헬스케어 분야에 약 3000억 원의 민간투자를 이끌어 냈다. 미국의 사례에서 알 수 있듯이 데이터의 개방과 공유 그리고 데이터의 창조적 활용은 국가 경제성장의 핵심 엔진이며, 지속적인 국가 경쟁력의 근간이 되는 디지털 전환(Digital Transformation)의 필수 요소다.

지금까지 대한민국 정부가 추진해 온 국가정보화사업은 데이터 관점으로 보면 데이터 개방화를 위해 달려온 과정이라 해도 지나친 말이 아니다. 정보화사업은 생산되는 데이터의 종류나 규모의 차이는 있으나 필연적으로 디지털 데이터를 생산하게 된다. 하지만 지금까지의 국가정보화사업은 최종 서비스의 개발과 제공에 집중되어, 구축된 시스템과 서비스에서 생산되는 데이터를 체계적으로 저장하거나 관리하지 않아 효율적인 데이터 활용을 하지 못했다.

데이터 시대에 우리가 주목해야 할 점은, 빅데이터 분석을 통해 혁신적인 솔루션과 해결책을 찾아내는 것도 중요하지만 무한대로 쏟아져 나오는 데이터의 경제적 활용 방법론을 찾는 것이 중요하다는 것이다. 이를 위해 우리나라가 보유하고 있는 세계 최고 수준의 전자정부시스템에서 쏟아져 나오는 데이터를 잘 정제 · 관리하고, 개방에 필요한 체계적인 디지털 국가 전환 전략이 필요하다. 이러한 변화는 기존 시스템과 서비스를 포함해 새로 시작되는 국가정보화사업에도 공통적으로 적용되어야 할 사항이다.

빅데이터 민간 중소기업 육성 전략

기업의 데이터 처리 능력이 경쟁의 원천으로 부각되고 있지만, 실질적으로 빅데이터를 업무에 적용하고 있는 중소기업은 극소수에 불과하다. 대기업들은 빅데이터를 활용하여 제조, 관리, 마케팅 부문 등에서 효율성을 높이고 있는 반면, 중소기업들은 자금과 인력 부족을 이유로 빅데이터 활용을 거의 하지 못하고 있는 양극화 현상이 나타나고 있다. 또한 중소 빅데이터 전문 기업들도 외형상으로는 증가하고 있지만, 글로벌 경쟁력이나 역량은 여전히 취약하다. 한국정보화진흥원의 2016년 9월 8일 보도자료에 의하면 전체 데이터 전문 기업 중 매출액 10억 원 미만의 기업이 전체의 70%에 육박하고 있다.

이렇듯 국내 기업들은 빅데이터에 대한 중요성을 인지하고 있음에도 빅데이터의 활용이 부족한 실정이라 정부에서는 중소기업을 위한 다각적인 빅데이터 활용 지원 정책을 추진하고 있다. 2014년부터 현재까지 중소기업의 빅데이터 활용을 본격적으로 지원하기 위한 전문 멘토단을 구성하고, 중소기업 방문을 통한 상담 및 멘토링을 지원하였으며, 실질적인 중소기업 빅데이터 솔루션 활용 지원을 제공하고 있지만 투입 대비 효과를 거두고 있지 못하고 있는 실정이다. 따라서 추가적으로 빅데이터 우수 솔루션을 보유하고 있는 중소기업의 브랜드 이미지를 제고하고 토털 솔루션을 지원해 줄 필요가 있다. 이를 위해 빅데이터 솔루션 간의 연계와 공동 브랜드화를 지원하는 구체적 정책 추진이 요구된다.

사물인터넷과 클라우드의 발전과 함께 빅데이터 산업은 더욱 성장할 전망이다. 특히 미래창조과학부에서는 사물인터넷, 클라우드, 빅데이터를 융합 신산업으로 정의하고 이들을 연계하여 발전시킬 계획이다. 새로운 금융 산업으로 등장하고 있는 핀테크 부문에서도 빅데이터가 중요한 기술로 활용이 요구되고 있어 빅데이터 산업이 또 하나의 기회가 될 전망이다. 이를 위해 빅데이터 원천 기술 및 응용 기술 등의 국가 경쟁력 확보를 위해 연구개발 투자가 강화되어야 한다. 정부의 지속적인 추진 정책을 통해 민간에서의 빅데이터 활용과 관심도 점진적으로 증가되고 다양해질 것으로 전망된다.

정부 3.0과 공공 데이터 개방 정책

정부 3.0이란 공공 정보를 개방하고 부처 간 칸막이를 없애 국민의 삶을 편하게 하고 일자리 창출에 도움이 되도록 하는 '국민 중심의 정부혁신'을 의미한다. 정부 3.0은 '국민을 위한 행복한 변화' 를 위해 투명한 정부, 유능한 정부, 서비스 정부를 비전으로 삼고 있다.

정부 3.0의 추진 과제 중 하나인 소통하는 투명한 정부를 실현하기 위하여 정부는 공공 데이터의 민간 활용도를 확대하고, 공공 정보에 대한 투명성과 신뢰성을 제고하며, 공공 데이터를 활용한 새로운 일자리 창출을 달성하는 것에 초점을 두고 있다.

이에 정부는 국민의 공공 데이터에 대한 이용권을 보장

하고, 공공 데이터의 민간 활용을 통한 삶의 질 향상과 국민경제 발전에 이바지함을 목적으로 「공공데이터의제공및이용활성화에관한법률」(이하 「공공데이터법」)을 제정하였고, 2014년 10월 31일로 시행 1주년을 맞이하였다. 「공공데이터법」이 시행된 이후 법률에 근거하여 “공공 데이터의 제공 및 이용 활성화에 관한 기본계획”(2013~2017)이 수립되었고, 행정자치부 소관으로 공공 데이터 개방 전담 조직인 ‘공공데이터활용지원센터’가 개소되었으며 공공데이터전략위원회, 공공데이터제공분쟁조정위원회가 차례로 출범하여 공공 데이터 민간 활용 분위기 조성의 근간을 이루었다.

그 결과, 2014년 말 기준으로 법 시행 전과 비교하여 공공기관의 데이터 개방 건수, 공공 데이터 다운로드 수, 공공 데이터 활용 웹·애플리케이션 서비스 개발 건수는 각각 2.5배, 11배, 9.4배 증가하는 양적 팽창의 성과를 거두었다. 또한 2014년 한 해 동안 접수된 공공 데이터 분쟁 조정 건수가 16건이었으며, 관련 상담은 8470건에 달하여 공공 데이터에 대한 국민의 관심도 역시 상승하였음을 알 수 있다.

하지만 여전히 정부 3.0 기반 공공 데이터에 대한 불만과 실효성에 대한 의문도 증가하고 있다. 그 이유는 체질 전환이 어려운 공무원 조직, 부처 간 혹은 민간과의 높은 칸막이, 데이터 품질보다 단기적인 양적 성과에만 집착하는 경향, 쓸 만한 외부 데이터 부족 등의 문제가 여전히 존재하기 때문이다. 지금은 정부 3.0의 원래 목표인 투명한 정부, 서비스 정부, 유능한 정부를 위한 데이터 개방 정책을 상향식으로 다시 점검하고, 수요 지향적인 데이터 개방 정책으로 전환을 모색해야 할 시점이다.

데이터 거래 활성화를 위한 첫걸음

디지털 환경에서는 다양한 형태의 방대한 양의 데이터들이 실시간으로 만들어지고 있다. 그 데이터들을 수집해 분석하고, 가치 있는 데이터로 재가공해 필요한 사업자들에게 제공하는 일련의 행위를 데이터 거래 산업이라고 말할 수 있다. 데이터를 수요와 공급의 원리에 따라 사고파는 것, 즉 데이터 유통은 데이터노믹스의 핵심이라고 볼 수 있다. 무궁무진한 성장성을 가지고 있는 데이터 산업의 활성화를 위해서는 우리나라도 주식 시장처럼 데이터를 사고 팔 수 있는 거래소가 있어야 한다는 요구가 많다. 하지만 국내는 「개인정보보호법」의 제한 수준이 높고 핵심 공공 데이터 이용이 불가능할 뿐 아니라 데이터를 생산하는 통신, 금융 등 핵심 기업의 보수적 성향으로 데이터 거래 시장이 전무한 상황이기 때문에 관련 법과 제도적 문제점들이 선제적으로 해결되어야 한다.

정부는 2016년 하반기부터 데이터 유통 시범 사업을 시작하고, 데이터 거래소 설립을 위한 첫걸음을 내딛고 있는 중이다. 정부는 국내에 전무한 데이터 유통 환경에서 민간 주도의 데이터 거래를 활성화하기 위하여 데이터 거래 중개 선도 사업을 추진하고 있다. 이 사업은 데이터 유통 생태계를 '데이터 가공', '데이터 중개', '데이터 생산', '데이터 서비스' 등 4개의 구성 요소로 구분한다. 또한 분야별 시범 서비스 모델을 발굴하고 데이터 보유 · 수요 기관 · 기업, 데이터 가공 기업 등의 컨소시엄을 지원하여, 각 수행 주체들 간의 데이터 거래 활성화를 유도하고 있다. 하지만 데이터 유통 생태계의 구성 요소에 대한 시각이 체계화되지 못하고, 데이터 거래를 컨소시엄 수행 주체들 간의 맞춤형으로 제공하는 단순 데이터 거래 모델로 본다는 점에서 한계가 있다. 데이터 거래를 활성화하기 위해 다양한 이해관계자가 참여하고 다양한 거래 형태가 허용되는 제도적 장치 마련이 시급하다.

핀테크, 데이터 경제를 위한 민관 금융제도

핀테크(Fintech)란 금융(Finance)과 기술(Technology)의 합성어로 IT에 기반을 둔 새로운 형태의 금융 서비스를 말한다. 한국 금융 산업의 글로벌 경쟁력은 취약하다. 2015년 세계경제포럼(WEF)에서 발표한 세계 금융경쟁력 순위를 보면, 한국은 143개국 중 87위를 기록하는 등 중진국에서 한참 못 미치는 수준이다. 다각도에서 원인을 분석할 수 있겠지만, 무엇보다 오랫동안 관의 강한 지배권 아래에서 핀테크처럼 민간 주도의 새로운 금융 비즈니스 모델을 형성하는 데 한계가 있음은 주지의 사실이다. 급격한 성장세를 보이고 있는 해외 핀테크 산업과 달리 국내의 핀테크 산업은 답보 수준에 머물러 있으며, 더군다나 정부의 과도한 진입 장벽과 규제에 이중고를 겪고 있다. 시장 초기 단계인 국내 핀테크 산업이 낯선 금융 규제 환경, 부족한 자본력과 같은 한계로 뛰어난 아이디어와 기술에도 불구하고 시장 적응을 하지 못하고 퇴출되는 일이 없도록 체계적으로 지원할 필요가 있다.

유럽과 미국, 중국 등 전 세계적으로 핀테크가 각광을 받고 있지만, 국내는 핀테크에 대해 충분한 논의조차 제대로 되지 않는다는 비판에 직면한 정부는 2015년 1월 '2015년 범금융권 신년인사회'에서 핀테크, 인터넷 전문은행 등 좀 더 가볍고 빠른 플레이어가 시장에 진입할 수 있도록 하고 칸막이를 완화해 금융산업에 경쟁과 혁신적 변화를 촉진할 것을 천명하고, 이례적으로 신속하게 2015년 1월 27일 금융위원회 등이 IT · 금융 융합 지원 방안으로 가시화하여 내놓았다.

정부는 핀테크 활성화를 위한 방안의 가장 윗자리에 규제 완화를 배치하고, 오프라인 위주의 금융제도 개편, 핀테크 산업 지원, 사전 규제에서 사후 점검 및 책임 강화로 금융 보안 전환을 주된 정책으로 제시했다. 세부적으로 살펴보면 규제 패러다임을 전환하기 위해 사전 규제 최소화, 한국형 인터넷 전문은행 모델 수립, 클라우드펀딩 활성화, 데이터 기반 활용 방안 마련, 규제 정비, 핀테크 지원 체계 구축, 핀테크 자금 조달 지원, 전자 지급 수단 이용 활성화 등 다양한 과제들을 포함하고 있다.

핀테크 육성 정책 시행 1년이 지난 2016년 현재, 금융회사들이 인터넷 전문은행, 크라우드 펀딩, 온라인 보험 슈퍼마켓(예: 보험다모아), 계좌 이동 서비스 등 금융산업 내 핀테크를 활용하려는 움직임이 보이지만, 정부의 눈치보기는 여전히 존재한다. 금융경쟁력을 확보하고 데이터노믹스를 진일보시키기 위해 핀테크 산업의 획기적 변화가 필요하다.

참고문헌

관계부처 합동(2013.12.11). 『창조경제 및 정부3.0 지원을 위한 빅데이터 산업 발전전략』. 미래창조과학부.

김건우 · 문병순(2016.09.28). "디지털 경제에 맞는 디지털 제도 고민 깊어지고 있다". LG경제연구원. https://www.lgeri.com/economy/overseas/article.asp?grouping=01010200&seq=725.

김달수(2016.09.26). "빅데이터·인공지능, 평가에 활용해야". ≪매일경제≫. http://news.mk.co.kr/newsRead.php?no=673184&year=2016

김동식 · 김인현 · 정병주 · 황재훈 · 심규석(2015). 『2015 데이터산업 백서』. 한국데이터베이스진흥원.

박세회(2015.10.3). "한국 금융경쟁력 27위에서 87위로 곤두박질친 이유". 허핑턴포스트. http://www.huffingtonpost.kr/2015/10/03/story_n_8236688.html

백인(2013. 4). 『데이터 강국을 위한 정보화사업 추진방향』. 한국정보화진흥원.

양현철 · 김자영 · 오정연(2015). 『2015년 BIGDATA 시장현황 조사』. (주)날리지리서치그룹.

한국인터넷진흥원(2015). Industrial Internet Issue Report: Fintech편. ≪심층분석보고서≫. KISA.

07

신뢰 기반의 데이터 인스티튜션

베블런은 『유한계급론』에서 '습관화된 문화적 상징체계'를 인스티튜션이라 불렀다. 데이터 인스티튜션은 데이터노믹스가 성장하는 데 필요한 신뢰 문화와 창업가 정신을 말한다. 데이터 기반 서비스가 이상적으로 구현된 공유경제와 리빙랩 모델은 참여 주체들 간의 신뢰가 가장 중요하다. 인스티튜션은 또한 건전한 기업가 정신을 포함한다. 경제학의 근본정신에 따라 타인을 이롭게 하기 위해, 창의적이고 도전적인 데이터 기반의 비즈니스 모델을 생성하는 문화가 어떻게 만들어지는지 사례들을 통해 살펴보고자 한다.

데이터를 통한 서비스의 진화

데이터 기반 서비스는 넷플릭스(Netflix)같은 비즈니스 모델부터 공유경제처럼 진화된 모델까지 다양하게 존재한다. 데이터 기반 비즈니스 모델의 공통점은 자신의 고객에 대한 신뢰를 바탕으로 한다는 점이다. 데이터 분석으로 기업은 고객에 대한 깊은 이해를 바탕으로 서비스를 제공하고 제품을 개발할 수 있게 되었으며, 사용자는 다양한 서비스 경험이 가능해진다. 이로 인해 데이터를 제공하고 활용하는 주체 간의 신뢰가 중요해졌으며, 이를 뒷받침하는 시스템은 필수적이다.

2015년, 동영상 스트리밍 서비스 기업인 넥플릭스가 ≪포브스(Forbes)≫ 선정 100대 혁신 기업 27위에 올랐다. 넷플릭스는 1997년에 설립되어 비디오 대여 사업을 시작했고 이후 DVD를 대여하는 사업을 거쳐 현재는 온라인 스트리밍을 주로 서비스하고 있다. 넷플릭스는 정확하게는 OTT(Over the Top) 서비스 즉, 셋톱박스를 설치하지 않아도 인터넷을 통해 콘텐츠를 제공받을 수 있는 서비스를 제공한다. 넷플릭스의 스트리밍을 이용하는 가입자는 2015년 4분기 말 8138만 명으로 집계되었으며 현재까지 아마존, 훌루 등 경쟁업체를 제치고 관련 업계 1순위를 지키고 있다. 이러한 넷플릭스의 경쟁력의 중심에는 데이터 분석 기술이 자리하고 있다. 넷플릭스는 2006년 실시간 스트리밍 서비스를 도입할 때 수학자, 컴퓨터공학자, 인공지능 엔지니어 등을 영입하여 고객이 과거에 대여한 영화 목록, 시청한 영화에 부여한 평점을 분석하여 개인의 취향에 맞춰 영화를 추천해 주는 시네매치(Cinematch) 시스템을 도입했다. 또한 데이터 분석 내용을 자체 콘텐츠 제작에도 적용하여 〈하우스 오브 카드(House of Card)〉라는 엄청난 흥행 사례를 남기기도 했다. 넷플릭스는 방송 산업의 역사를 새롭게 쓰고 있다고 봐도 무방하다.

대부분의 IT 기업들은 넷플릭스와 같이 전통적인 고객관계관리(CRM, Customer Relationship Management)에 데이터 사이언스 기법을 활용하여 온디맨드(on demand) 개념을 더한 형태의 서비스를 제안하고 있다. 그러나 데이터 분석 기반의 진화된 모델인 '공유경제'가 최근 주목받기 시작했다. '공유경제'는 2008년 미국 하버드대학교의 로런스 레시그(Lawrence Lessig) 교수가 처음으로 언급한 이래 2011년 ≪타임≫에서 '세상을 바꾸는 10대 아이디어' 중 하나로 선정되었다.

공유경제를 대표하는 기업인 우버(Uber)는 스마트폰 앱을 통해 일반 자동차와 택시 운전사를 차량이 필요한 승객과 연결해 주는 서비스를 제공하고 있다. 우버는 2010

년 6월에 샌프란시스코에서 공식 출시되어 아이폰, 안드로이드폰, 윈도폰 모바일 앱을 이용해 서비스를 시작했다. 우버의 서비스 모델은 간략하게는 위치추적시스템(GPS)을 기반으로 고객이 근처에 있는 택시를 배차받는 형태로 설명할 수 있지만, 여기에 데이터 분석을 통한 지능형 수요 예측이 뒷받침된다. 우버는 GPS로 수집된 데이터를 분석해 고객이 많이 몰리는 시간과 장소를 지도에 표시해 준다. 이를 통해 고객 수요 발생 후 차량 도착 시간을 줄이고 수요가 급증하는 지역에 미리 대기할 수 있도록 하여 서비스 품질과 효율성을 높일 수 있게 된다. 또한 우버 택시를 이용하는 고객의 행위 데이터, 즉 사용자의 위치, 이동 정보, 신용카드 정보, 머무르는 지역 및 차량에 대한 취향 등의 행위 데이터를 수집하는 플랫폼 역할도 하게 된다. 이에 따라 우버는 데이터를 활용하여 다양한 마케팅과 제휴 및 자율 주행 택시 등 다른 사업으로 확장을 시도하고 있다. 국내에서는 2014년 서울에서 서비스를 시작했으나 국토교통부에서 우버를 「여객자동차운수사업법」 위반으로 규정하고 서울시의 경우 실제로 단속에 나서 우버 운전자에게 벌금을 부과하기도 했다. 그러나 국내 렌터카 업체들이 우버에 영감을 받아 카셰어링 서비스를 시작하여 '쏘카', '그린카' 등의 서비스가 등장하여 성장하고 있으며 '카카오택시' 등 온디맨드형 택시 서비스 또한 등장했다. 비록 국내 시장에 안착하는 데 실패했더라도, 스타트업 기업인 우버는 전 세계 택시 시장에 온디맨드(on demand) 열풍을 불러일으켰으며 공유경제에 대한 큰 관심을 끌어오는 결정적 역할을 했다는 점은 분명하다.

우버와 마찬가지로 공유경제에 대한 관심을 불러온 기업으로는 에어비앤비(Airbnb)를 들 수 있다. 에어비앤비는 2008년 8월 시작된 숙박 공유 서비스다. 일반 가정집, 별장 등 사람이 지낼 수 있는 모든 공간을 임대할 수 있도록 하는 서비스다. 에어비앤비에서는 이용 여행객들의 여행 트렌드와 날짜를 분석해 집주인에게 알맞은 예약 가격을 추천해 주고 사진 분석 알고리즘을 통해 여행객들이 선호하는 건물 사진과 전문가들이 찍은 사진의 차이점을 밝혀 여행객이 선호하는 숙소 사진을 제안하기도 한다. 에어비앤비는 이와 같은 분석 기술을 2015년에 '에어로솔브(Aerosolve)'라는 이름의 소프트웨어로 공개하였다. 오픈소스 기반의 에어로솔브는 스칼라(scala), 자바(java) 등의 프로그래밍 언어를 활용하여 수많은 데이터를 분석해 서비스 가격과 수요에 대한 상관관계를 분석할 수 있도록 되어 있다.

데이터 기반 공유경제와 신뢰

우버와 에어비앤비 같은 데이터 기반 공유경제 서비스를 제공하는 기업들에서 공통적으로 나타나는 이슈는 서비스 제공자와 수요자 사이의 신뢰다. 우버의 경우 미국 보스턴, 워싱턴, 시카고, 오클라호마, 로스앤젤레스 및 올랜도에서 성범죄 사례가 보고되는 등 안전성 문제가 제기되었다. 이에 따라 우버는 자체적으로 이와 같은 문제를 해결하기 위해 우버 택시 운전기사로 등록하는 과정에서 범죄 경력을 확인하는 서류를 제출하도록 하는 등의 조치를 취했으나 여전히 범죄에 취약하다는 평가를 받고 있다. 또, 국내에서 우버의 불법성 논란으로 우버 택시가 고전하는 사이 등장하여 성장하고 있는 카셰어링 서비스의 경우 차량 상태에 대한 소비자 불만이 제기되었다. 이는 카셰어링 서비스가 기존 렌터카 서비스와 달리 무인 시스템으로 운영되어 차량 이용 후 차량 내부 청소 등 사후 처리가 전적으로 직전 이용객에게 달려 있기 때문이다. 따라서 직전 사용자의 차량 이용 방식에 따라 다음 사용자가 불쾌함을 느낄 만큼 차량 상태가 좋지 않은 경우가 발생하기도 한다. 이는 공유경제에서 공급 및 수요 주체 간, 또 이용 주체 간의 신뢰가 제대로 구축되지 않아 발생하는 문제들이라고 볼 수 있다.

이러한 문제를 플랫폼상에서 해결한 사례로는 에어비앤비를 예로 들 수 있다. 에어비앤비의 최고경영자인 브라이언 체스키(Brian Chesky)는 ≪조선일보≫와의 인터뷰에서 다음과 같이 말했다. "낯선 사람과 공유경제를 기반으로 하기 때문에 '신뢰'라는 가치가 무너지지 않도록 고민했습니다. 온라인 세계에서는 정보가 너무 없어도 서로를 믿기 힘들고, 정보가 넘쳐도 혼란스럽기만 할 뿐입니다. 소셜 미디어 계정, 신분증 확인 등 간단한 절차만으로 전혀 알지 못했던 서로의 신원을 확인하고 믿을 수 있는 체계를 구축했습니다. 회사 조직을 구성하고 키워나가는 데에도 '신뢰'는 놓치지 않으려 했던 핵심 가치입니다. 사람은 누구나 독립적이고 자율적인 존재입니다. 조직 안에 구성원 개개인이 올바른 결정을 내릴 것이라는 신뢰가 강력하면, 조직의 의사 결정에는 그다지 많은 절차가 필요하지 않습니다. 이 덕분에 조직 내 빠른 의사 결정과 혁신이 가능했습니다"(전효진, 2016).

에어비앤비에서는 집을 이용하는 여행객과 집을 빌려주는 집주인 간에 양방향 평가를 남길 수 있는 리뷰 시스템이 있다. 에어비앤비 서비스 플랫폼의 후기는 불특정 다수에게 모두 공개된다. 이를 통해 집 주인은 더 정성스럽게 손님을 맞이하게 되며 집을 이용하는 여행객 또한 손

님으로서의 예의를 갖추기 위해 노력하게 된다. 이는 신뢰할 수 있는 공유경제를 구축하기 위한 데이터 운영 시스템의 좋은 사례로 볼 수 있다.

우리 동네 해결사, 데이터 기반 리빙랩

리빙랩(Livign Lab)은 특정 공간에서 사용자들의 참여하에 문제를 해결하는 개방형 혁신 모델로 유럽 지역에서 널리 시행되고 있다. 생활세계에서 구현되는 랩이기 때문에 지역사회의 문제 해결력 증대와 동시에 새로운 사회 · 기술 시스템을 구현하기 위한 모델이다. 리빙랩의 활동 요소에서는 '사용자 중심'과 '함께'라는 개념이 내포되어 있어 다학제적 연구팀과 사용자 공동체 등이 함께하는 집단작업과 지식의 공유를 통해 사용자에게 맞춘 새로운 지식, 제품, 서비스의 확산이 가능하다. 최근에는 ICT를 적극적으로 활용하여 리빙랩을 활성화하고 새로운 콘텐츠 탐색을 시도하기 위한 노력이 증대되고 있다.

그중에서도 국내의 북촌 한옥마을 리빙랩은 사물인터넷(IoT)을 활용하여 도시 문제 해결형 서비스를 개발하고 관광 서비스 고도화를 추진하고 있다. 북촌 한옥마을은 관광 수입이 마을 경제생활 대부분을 차지하고 있지만 이로 인한 소음, 주차 공간 부족 등의 문제가 발생하고 있으며 관광객을 위한 편의시설 부족, 안내 서비스 미흡 등 관광객 이용 편의성이 떨어지는 문제도 안고 있다. 이에 따라 중앙정부 및 민간 기업들이 참여하여 북촌 전 지역에 공공 무료 와이파이(WiFi) 구축, 주민안전 · 유동인구 파악 등을 위한 지능형 CCTV 설치, 북촌 보행지도 · 다국어 콘텐츠 개발 및 개방(Open API), 사물인터넷을 적용하기 위한 기초 인프라 구축, 실시간 데이터 개방 확대를 위한 '열린데이터 광장'(http://data.seoul.go.kr) 등 북촌 사물인터넷 테스트베드 사업을 추진하고 있다.

또한 대전의 리빙랩 프로젝트인 '건너유'는 행정에 의지하는 문제 해결이 아닌, 시민들의 자발성과 집단 지성을 활용하는 방법을 통해 '기술 자본'의 '사회적 자본화'를 실현하는 사례로 평가받고 있다. 대전 유성 홈플러스 인근 징검다리, 일명 '물고기다리'에서 호우 시 사망사고를 포함하여 빈번한 사고가 발생하자 대전시 사회적자본지원센터의 주도로 다리의 안전성 문제 해결을 위한 리빙랩 프로젝트가 추진되었다. 이 문제를 해결하기 위해 학생, 주부, 메이커, 디자이너 등 다양한 행위자가 참여하였다. 태양광 충전 모듈을 개발하여 사물인터넷을 이용한 무선 IP 카메라에 장착하고, 반응형 모바일 웹을 통한 사용자 친화적 인터페이스를 개발하여 하천 범람을 실시간으로 확인할 수 있는 웹서비스를 공개했다.

이러한 리빙랩 사례는 다양한 사람들이 지역 문제 해결이라는 공동의 목표를 달성하기 위해 상호 협력하는 혁신 활동에서도 데이터 분석이 적용되는 좋은 사례라고 할 수 있다.

참고문헌

윤지영(2015.9.17). 연결된 세상에서 신뢰란 무엇인가?(A Problem Definition of Trust in a Connected World). Organic Media Lab.
https://organicmedialab.com/2015/09/17/a-problem-definition-of-trust-in-a-connected-world/

이지현(2015.06.05). 에어비앤비, 머신러닝 데이터 분석도구 오픈소스로 공개. bloter.
http://www.bloter.net/archives/229587

성지은 · 송위진 · 박인용(2013). 리빙랩의 운영 체계와 사례. ≪STEPI Insight≫, 127, 1～46쪽.

성지은 · 한규용 · 박인용(2016). 국내 리빙랩의 현황과 과제. ≪STEPI Insight≫, 184, 1～40쪽.

소트타인 베블런 지음, 한성안 옮김(2011). 『유한계급론』. 지식을만드는지식.

전효진(2016.5.14). 에어비앤비 and E (Experience Marketing·경험 마케팅). 조선비즈.
http://biz.chosun.com/site/data/html_dir/2016/05/13/2016051301605.html

Gomez-Uribe, C. A., Hunt, N.(2016). The Netflix recommender

system: Algorithms, business value, and innovation. *ACM Transactions on Management Information Systems(TMIS)*, 6(4), 13.

Lafarance, A., Eveleth, R.(2013.03.03.). “Are Taxis Safer than Uber?”. *the Atlantic.* http://www.theatlantic.com/technology/archive/2015/03/are-taxis-safer-than-uber/386207/

UBER(2015). “Chicago: an Uber case study”. UBER. https://uber-static.s3.amazonaws.com/web-fresh/legal/Uber_Chicago_CaseStudy.pdf

08

데이터노믹스 기반 기술

통신, 인프라, 응용 소프트웨어 등 인프라 중심이었던 ICT의 패러다임이 데이터 중심으로 변화하면서 데이터의 분석 및 관리가 중요한 이슈로 부각되고 있다. 모바일 기기와 센서를 부착한 사물들이 확산됨에 따라 수집되는 데이터도 폭발적으로 증가하고 있다. 이로 인해 데이터의 수집, 검색, 데이터 전처리 및 분석, 저장, 유통, 가공 등 데이터 기반의 기술들에 대한 관심이 집중 되고 있다. 빅데이터, 클라우드, 사물인터넷, 블록체인 기술이 데이터노믹스를 이끄는 사두마차로 기술 간 융합과 데이터 과학을 선도하고 있다.

모바일 기기, 사물인터넷, 다양한 센서 등을 통해 수집되는 데이터의 양이 폭발적으로 늘어나면서 데이터 처리 및 분석, 관리의 중요성이 부각되었다. 빅데이터는 다양하고 거대한 데이터들 속에서 의미를 찾아 빠르게 현상을 이해하고 예측 및 인사이트를 도출하여 새로운 가치를 창출하는 것이다. 세계적으로는 환경 변화 분석 및 미래 탐구 등 빅데이터를 활용한 정보처리 기술의 요구가 증대되고 국내의 경우 생태 환경 데이터 관리 및 공유를 위한 빅데이터 활용의 필요성이 증대되고 있다.

빅데이터에 대한 개념은 다양한 정의들로 분화된다. 다만, 여기서 주목하려는 부분은 데이터노믹스 기반 기술을 중심으로 정의한 개념들이다. IDC는 2011년에 빅데이터를 다양한 종류의 대규모 데이터로부터 저렴한 비용으로 가치를 추출하고 데이터를 초고속으로 수집, 발굴, 분석하는 것을 지원하도록 고안된 차세대 기술 및 아키텍처로 정의하였다. 같은 해 매킨지(Mckinsey)는 일반적인 데이터베이스 소프트웨어가 저장, 관리, 분석할 수 있는 범위를 초과하는 규모의 데이터로 빅데이터를 정의하였다. 활용 및 수단의 측면에서 빅데이터 기술은 각종 센서, 모바일 인터넷, 소셜 미디어, 기업 등에서 발생하는 대규모 데이터를 더 많이, 더 빠르게, 더 정확하게 수집, 정제, 분석하여 데이터와 연관된 심도 있고 유용한 가치를 얻기 위한 기술로 정의할 수 있다. 빅데이터 기술은 데이터노믹스 개념을 설명하는 3V 속성을 그대로 상속하면서, 그것을 기술적으로 가능케 한다는 특징을 가지고 있다. 구체적으로 보면, 규모(Volume)가 방대하여 분석 데이터가 많을수록 정확한 결과가 도출된다. 또한 종류(Variety)가 다양하며 여러 종류의 데이터가 융합되어 있어 정형화된 데이터뿐 아니라 비정형화된 데이터까지 분석할 수 있어야 한다. 마지막으로, 빅데이터 기술은 속도(Velocity) 측면에서 수집-처리-분석 및 예측을 제시간에 해결하는 데이터 처리를 통해 의미 있는 결과를 내야 한다. 이 세 가지 특징 외에 추가적으로 4V 또는 5V로 빅데이터의 특징을 기술과 연결하면, 가치(value)는 데이터 분석 결과가 얼마나 가치를 창출하느냐에 대한 것으로 의사 결정 지원 또는 문제 해결책 제안 등 통찰력 있는 솔루션 기술이 필요하고, 정확성(Veracity)은 데이터에 부여하는 신뢰 수준으로 데이터 품질을 유지하는 기술이 필요하다. 특히 데이터 품질은 빅데이터의 중요한 요구 사항임에도, 최상의 데이터 정제(data cleansing) 기술을 통해서도 데이터가 가지고 있는 본질적 불확실성을 제거하기 힘든 경우가 많다.

빅데이터 기술의 범위는 빅데이터 인프라, 데이터 수집 및 전처리, 분석 플랫폼, 융합 분석 및 서비스 등 네 개 분야로 구분할 수 있다. 빅데이터 인프라는 고품질 데이터를 안전하고 편리하게 만들어 주는 환경 인프라 기술로 데이터를 많이, 빠르게 분석할 수 있는 저장 용량, 컴퓨팅 파워를 비용 대비 고효율로 확보하기 위한 기술이다. 데이터 수집 및 전처리는 서로 다른 환경에 산재해 있는 데이터를 모으거나 사용할 수 있는 환경을 제공하고 분석에 용이한 형태로 변화시키는 기술이다. 분석 플랫폼은 텍스트, 이미지, 동영상, 센서 데이터 등 다양한 데이터로부터 의미 있는 결과를 도출하는 공통 분석 도구, 분석 지능 및 시각화 방법을 제공하는 플랫폼이다. 융합 분석 및 서비스는 정부, 교육, 의료, 제조업, 금융, 과학 등의 분야에서 유의미한 결과를 도출하기 위해 데이터들을 융합 연계하여 분석하거나 서비스하는 기술이다.

현재 국내외 기업들은 빅데이터 시장을 선점하고 주도권을 잡기 위해 데이터 분석 중심의 역량 강화 및 기술개발에 집중하고 있다. IBM, 오라클, 테라데이터, EMC, 마이크로소프트 등의 솔루션 기업들은 빅데이터 저장 기술과 데이터 처리 · 분석 기술 확보에 주력하고 있다. 또한 서비스 중심의 이베이, 구글, 페이스북, 트위터 등의 기업들은 사용자들이 생성하는 데이터를 분석 및 활용하여 수익모델을 창출하고자 노력하고 있다.

또한 데이터 생명주기에서 데이터를 생성하는 과정에 필요한 데이터 처리 기술도 있다. 스트리밍 데이터, 이미지, 동영상 파일 등을 분석하려면 분산 병렬 처리를 지원하는 하둡 파일 시스템(Hadoop File System)과 NoSQL, R 같은 분석 도구 기술이 필요하다.

클라우드 기술

클라우드는 다양한 디바이스에서 원하는 시점에 네트워크를 이용하여 공유 풀에 있는 서버, 스토리지, 애플리케이션, 서비스 등과 같은 IT 자원에 접근할 수 있게 해 주는 것이다. 클라우드는 개인에게는 IT 자원을 장소 및 시간에 구애받지 않고 실시간으로 자유롭게 획득 가능하게 하며 기업에게는 효율적 자원 활용의 인프라로서 비용 절감 및 데이터 활용과 공유에 유용한 장점이 있다.

클라우드는 제공되는 서비스 형태에 따라서 IaaS, PaaS, SaaS로 구분할 수 있다. IaaS(Infrastructures as a Service)는 데이터 저장 및 처리를 위한 스토리지 자원을 제공하여 서버시스템을 대여하는 서비스로 아마존의 EC2, EMR, 스토리지 서비스인 S3, EBS, 데이터베이스서비스인 DynamoDB, RDS가 대표적인 사례다.

PaaS(Platform as a Service)는 사용자가 소프트웨어나 애플리케이션을 개발하는 데 필요한 플랫폼을 제공하는 서비스다. 구글 앱 엔진(Google App Engine), 세일즈포스의 포스닷컴(Force.com), 마이크로소프트사의 애저(Azure)가 있다. SaaS(Service as a Service)는 응용 소프트웨어 및 애플리케이션을 제공하는 서비스로 구매한 소프트웨어를 온디맨드 방식으로 원격에서 접속하여 서비스를 활용하는 방식이다. 구글 앱스(Google Apps), 마이크로소프트 오피스 라이브(Microsoft Office Live) 등이 있다.

클라우드 기술은 개방 여부에 따라서 퍼블릭(public), 프라이빗(Private), 하이브리드(hybrid)로 구분된다. 퍼블릭 클라우드는 특정 기업이나 사용자가 아닌 접속 가능한 모든 사용자를 위한 클라우드 서비스다. 프라이빗 클라우드는 제한된 네트워크에서 특정 기업이나 특정 사용자만을 대상으로 제공되는 서비스다. 클라우드 서비스 사용 대상을 제한하는 것으로 기업 내 협업 환경 구축을 위해 중앙 서버에서 모든 데이터를 관리하는 폐쇄적 형태다. 하이브리드 클라우드는 퍼블릭과 프라이빗 클라우드를 병행한 방식으로 내부에 데이터를 제공 및 관리할 수 있는 동시에 외부에도 데이터를 제공하는 것이다. 기업 보안이 필요한 영역은 프라이빗으로, 나머지는 퍼블릭으로 활용하는 것이다.

클라우드 컴퓨팅은 클라우드 컴퓨팅 서비스 제공자, 클라우드 컴퓨팅 단말, 클라우드 컴퓨팅 네트워크, 클라우드 컴퓨팅 보안, 클라우드 컴퓨팅 브로커리지 서비스 등으로 구성된다.

- 클라우드 컴퓨팅 서비스 제공자: 클라우드 컴퓨팅 인프라 위에 클라우드 플랫폼을 구축하고 IaaS, PaaS, SaaS 등의 다양한 서비스를 제공.
- 클라우드 컴퓨팅 디바이스: 클라우드 서비스를 이용하는 수단으로 스마트폰, 태블릿PC, PC와 노트북, 신 클라이언트, 제로 클라이언트 등이 있음.
- 클라우드 컴퓨팅 네트워크: 클라우드 제공자와 클라우드 단말을 연결하는 각종 유무선 망.
- 클라우드 컴퓨팅 보안: 클라우드 단말, 클라우드 네트워크, 클라우드 제공자에 걸쳐 클라우드를 안전하게 이용할 수 있는 기능 제공.
- 클라우드 컴퓨팅 브로커리지 서비스: 이종의 클라우드를 연결 또는 중계해 통합적으로 사용 가능하도록 하는 서비스.

이러한 클라우드 기술은 데이터의 저장, 처리, 분석 등이 요구되는 오늘날의 기업들에게 비용 절감과 고객 서비스 향상, 운영 효율성 등 새로운 비즈니스 가치를 제공해준다.

클라우드 기반 빅데이터 활용 사례를 살펴보면 다음과 같다. 구글의 빅쿼리(Big Query)는 클라우드 기반의 분석 플랫폼을 제공하여 기업이 별도의 인프라 투자 없이 빅데이터 분석 업무를 수행할 수 있도록 한다. 아마존의 엘라스틱 맵리듀스는 대용량 데이터를 처리하는 아마존 웹 서비스 플랫폼으로 퍼블릭 클라우드 서비스 형태다. 마이크로소프트의 HD인사이트(HDInsight)는 100% 아파치 하둡 솔루션 기반 클라우드 서비스로 구조화 여부 및 크기에 관계없이 모든 형식의 데이터를 관리하는 현대적인 클라우드 기반 데이터 플랫폼이다. 단순하고 관리가 용이한 데이터 플랫폼으로 주목을 받고 있다.

사물인터넷 기술

사물인터넷(IoT)이 주목받게 된 계기는 센서와 모듈 가격의 하락, 통신 속도의 증가, 빅데이터 처리 기술의 등장으로 시장 환경이 성숙했기 때문이다. 또한 스마트폰으로 가정 내 가전제품을 제어하는 시스템을 만들어 광고하는 기업이 등장하면서 일반 소비자들에게 스마트홈이라는 개념으로 친숙해진 기술이기도 하다.

시장조사기관인 가트너는 2014년 가장 주목해야 할 10대 전략 기술 가운데 하나로 사물인터넷을 꼽았다. 가트너는 2009년 인터넷에 연결된 기기가 25억 대 수준에서 2020년에는 그 수가 300억 대까지 늘어날 것이며, 관련 시장 규모는 3000억 달러, 총 경제 부가가치 또한 1조9000억 달러로 급성장할 것으로 예측했다.

사물인터넷 환경 구현을 위해 사물 간 데이터 상호 교류가 이루어지며 각 사물이 데이터를 지능적으로 처리하는 능력을 갖추어야 한다는 점에서 센싱 기술, 유무선 통신 및 네트워크 인프라 기술, 그리고 서비스 인터페이스 기술 등 사물인터넷 3대 기술이 필요하다. 센싱 기술은 센서를 통해 센서가 부착된 사물과 주위 환경에서 정보를 얻는 정보 수집 기술이며 통신 및 네트워크 인프라 기술은 이렇게 수집된 데이터를 사물에서 사물까지, 사물에서 인프라까지 연결해 주는 기술이다. 마지막으로 서비스 인터페이스 기술은 사용자에게 사물인터넷 서비스를 제공하기 위해 정보를 수집, 가공·추출·처리, 저장, 판단, 상황인식, 인지, 보안 및 프라이버시 보호, 인증, 인가, 검색, 객체 정형화 등을 포함한 기술이다.

사물인터넷 기술은 산업 현장과 스마트홈에서, 또는 도시 전체를 아우르는 스마트시티까지 인간의 삶 전반에 큰 영향을 미칠 것으로 기대된다.

핀테크의 근간, 블록체인 기술

2015년부터 핀테크 분야에 대한 금융계의 관심이 급증하고 있다. 핀테크에서 가장 중요한 분야 중 하나는 가상화폐다. 그러한 가상화폐의 근간을 이루는 기술은 블록체인(blockchain)이라고 불리는 기술이다. 세계경제포럼에서는 블록체인 기술의 확산으로 2027년이면 전 세계 정부에서 세금을 블록체인 방식 가상화폐로 징수하며 세계 총생산(GDP)의 10%가 블록체인으로 저장될 것으로 전망하기도 했다.

그렇다면 블록체인이란 무엇인가? 블록체인이란 블록(block)을 연이어 연결(chain)한 모음이다. 블록에는 일정 시간 동안 확정된 거래 내역이 담기며 여기서 거래 내역을 결정하는 주체는 사용자다. 모든 사용자는 블록체인 사본을 가지고 있다. 여기서 영구적으로 보관할 블록으로 묶이는 거래 내역은 사용자들의 과반수가 동의해야만 진짜 거래 내역으로 인정받을 수 있다. 새로 만든 블록은 앞서 만든 블록체인 뒤에 덧붙여지고 이 과정은 일정 간격으로 반복된다.

블록체인 기술이 쓰인 가장 유명한 사례는 가상화폐 비트코인(Bitcoin)이다. 네임코인, 라이트코인, 피어코인 등 다양한 전자화폐들이 많지만, 비트코인은 세계 100대 화폐에 오를 정도로 가상화폐 중 가장 큰 규모를 차지하고 있다. 비트코인은 사토시 나카모토(Satoshi Nakamoto)라고 불리는 사람에 의해 개발된 최초의 암호화 화폐로 2008년 10월 31일 암호화 기술 커뮤니티 메인에 "비트코인: P2P 전자 화폐 시스템"이라는 논문으로 세상에 알려졌다. 우리가 사용하는 기존 화폐들은 정부나 중앙은행, 금융 기관들이 관리 감독을 하는 반면에 비트코인은 이들의 개입 없이 개인과 개인 간에(Peer to peer) 빠르고 안전한 거래가 가능하고, 정해진 양만 발행되도록 되어 있다는 것이 큰 특징이다.

이러한 비트코인의 작동 원리는 발행과 사용으로 나누어 설명할 수 있다. 우리나라의 화폐는 중앙은행에서 관리하며 조폐공사에서 화폐를 발행하지만 물리적인 형태가 없는 비트코인은 사용자가 발행하고 관리하는 형태를 갖추고 있다. 비트코인은 누구나 돈을 발행할 수 있고 심지어 집에서도 비트코인을 만들고 돈을 벌 수 있는 구조다. 비트코인은 정부나 중앙은행처럼 주체적으로 관리하는 기관은 없으나 개인과 개인이 모여 하나의 커다란 비트코인 네트워크를 이루게 되어 있다. 이를 바탕으로 개인들은 서로가 서로의 거래를 감시하고 확인한다. 사용자가 많을수록 안전한 시스템이다.

비트코인을 사용할 때 사용자들은 각각의 고유 주소를 가진 전자지갑을 만들고 전자지갑을 기준으로 비트코인을 주고받는다. 여기에서 블록체인이라는 기술이 활용되는데 이를 통해 모든 사람들이 모든 거래 내역을 갖고 있게 된다. 물리적 형체가 없는 전자화폐이고 이를 관리하는 기관도 없기 때문에 보안이 매우 중요해진다. 시중 은행은 거래 내역을 개인과 은행만 가지고 암호화해 관리한다. 하지만 비트코인은 반대로 모든 사람이 거래 내역을 가지고 있게 해서 오히려 이를 위조하기 어렵도록 설계되었다.

참고문헌

김상락 · 강만모(2014). 클라우드 기반 빅데이터 기술 동향과 전망. ≪정보과학지≫,Vol.32, No.2, 22~31쪽.

안상욱(2015.06.12). "블록체인 속 핀테크를 보다 ① 블록체인이란?". bloter. http://www.bloter.net/archives/230157

정보통신산업진흥원(2013). "클라우드 컴퓨팅의 국내외 시장 및 정책 동향".

한국과학기술기획평가원(KISTEP)(2014). "국가중점과학기술 전략 로드맵-02. 빅데이터기술".

한국클라우드컴퓨팅연구조합(2015). 『2015 클라우드 컴퓨팅 기술 현황 보고서』

KT경제경영연구소(2013). "모든 것을 연결하는 사물 인터넷의 모든 것", ≪IDG 테크라이브러리≫.

IDC(2011). *World wide Big Data Technology and Services: 2012-2015 Forecast.*

McKinsey& Company(2011). *Big Data :The Next Frontier for Innovation, Competition, and Productivity.*

Nakamoto, S.(2008). *Bitcoin: A peer-to-peer electronic cash system.*

NIST(2015). *The NIST Definition of Cloud Computing.*

Smith, D. M.(2013). The Top 10 Strategic Technology Trends for 2014. *In Symposium ITXPO 2013.*

09

데이터 산업 육성과 개인 정보 보호

농업혁명과 산업혁명은 인간생활에 편의를 제공함과 동시에 수많은 노동자들을 실업자로 전락시켰다. 정보혁명은 전자민주주의와 ICT 기반의 융합형 신산업으로 삶을 윤택하게 만들었지만 계급갈등과 양극화를 가속화시켰다. 그렇다면 데이터혁명은 우리에게 무엇을 전해 줄 것인가. 이 장에서 데이터 개방과 보안, 개인 정보 활용과 비식별화 규제의 위험한 게임, 산업 육성과 정보 보호 사이에서 데이터노믹스의 명과 암을 살펴보고자 한다.

데이터노믹스에서 균형의 필요성

빅데이터의 등장은 사회 · 경제 분야뿐만 아니라 비즈니스 인텔리전스라는 새로운 학문 영역을 제시할 정도로 그 파급 효과가 막대하다. 데이터는 기업의 고객관리와 e비즈니스, 의료, 제조, 재난 및 공공 서비스 등 다양한 분야에 적용이 가능하며 이미 데이터노믹스 사회에서 빼놓을 수 없는 자원이 되었다.

기업들은 소비자의 정보를 수집, 분석하여 마케팅 전략을 수립하고, 국가는 기후변화, 유가변동, 사회와 환경 요인 등 다양한 분야의 데이터를 분석하여 국가 안전을 위협하는 요인에 선제적으로 대응하고 있다.

미국의 뱅크오브아메리카(BoA)는 기존 보유하고 있던 고객 데이터를 활용, 분석하여 고객에게 적합한 상품을 제안하는 시스템을 선보이며 가입자 유치 비용을 25% 절감하였고, 수익성을 12%에서 18%로 증가시키는 등 고객 유치와 수익성 향상에서 큰 효과를 거두었다.

국내 게임기업인 NC소프트의 경우, 게임 사용자들의 로그 기록을 활용, 회귀분석 및 기계학습을 통해 게임 버그와 비정상적 사용자를 탐지하는 빅데이터 분석 시스템을 도입하여 게임 아이템 및 캐릭터의 불법적 거래를 자체적으로 단속하고 있다.

우리 정부에서는 매년 태풍, 집중호우 등으로 발생하는 산사태나 비탈면 붕괴사고 예방을 위하여 강수량, 평균 기온, 도로 비탈면 데이터를 수집하여 비탈면 붕괴 위험 지수 모델을 개발하고 이를 범국민 서비스로 제공하고 있다.

기록과 기술의 결합으로 정보를 손쉽게 분석하고 조합할 수 있게 되면서 데이터는 정보통신 사회에서 새로운 가치를 창출하고 있다. 이에 더하여 과학기술의 지속적 발달은 데이터의 활용성을 무한대로 확장시킬 것이다. 데이터 활용 기술의 사회적 영향력이 커질수록 사회 문제의 새로운 변수로 작용할 가능성 역시 커지고 있다. 데이터노믹스 시대를 반갑게 맞이하기 위해서는 데이터의 활용과 규제에 대한 적절한 균형이 필요하다. 이러한 균형이 필요한 부분을 살펴보면 다음과 같다.

데이터의 표준화의 균형 필요성

정보기술의 혁신적 발달은 기업의 성장 모멘텀으로 작용해 왔다. 1998년 미국 실리콘밸리의 스타트업 기업에 불과했던 구글은 20여 년이 지난 지금 약 53조 원의 매출을 기록하며 4만6000명 이상의 직원을 보유한 세계 거대 기업으로 성장하게 된다. 그 배경에는 전 세계인을 대상으로 제공한 정보 포털 서비스 기술이 있었다. 이처럼 현대의 수많은 기업은 데이터의 중요성을 인지, 기업의 전략적 의사 결정의 핵심 요소로 생각하고 있다. 이에 따라 데이터 통합 및 데이터 품질에 대한 관심이 증대되고 있으며 데이터 품질을 확보하기 위한 데이터 표준화 역시 사회적 이슈로 대두되고 있다.

데이터 표준화란 '시스템별로 산재해 있는 데이터 정보 요소에 대한 명칭, 정의, 형식, 규칙에 대한 원칙을 수립하여 이를 동질의 데이터 전체에 적용하는 것'으로 설명할 수 있다. 이러한 데이터 표준화 작업은 데이터의 정확한 의미를 파악할 수 있게 할 뿐만 아니라 데이터에 대한 상반된 시각을 조정하는 역할을 수행하기도 한다. 데이터 표준화는 데이터노믹스 시대에 필수불가결한 조건으로 데이터 생산과 활용, 판매에 전제되어야 한다. 데이터의 표준화가 데이터노믹스 시대에 미칠 영향을 크게 두 가지로 구분하여 살펴보고자 한다.

첫 번째로 데이터의 표준화는 데이터의 공급과 판매를 가능하게 한다. 넘쳐나는 데이터는 더 이상 그 자체로 자원이 될 수 없다. 정제된 데이터의 형태를 거쳐 판매가 이루어지게 되며 정제된 데이터는 거래되기 위하여 일관된 형태를 갖추어야 한다. 이것이 데이터노믹스의 최종 진화 형태인 데이터거래소의 기본이 된다. 표준화된 상품은 시장에서 다양하게 유통될 수 있고, 이는 데이터 거래 시장의 성장을 촉진시킨다.

마트의 선반에 다양한 제조사의 물건이 함께 진열될 수 있는 것은 포장지나 내용물은 다를지라도 그것을 담고 있는 형태가 유사하기 때문이다. 유무형의 데이터라 할지라도 규격화된 형태가 제시되어야 데이터의 거래가 가능해진다. 이것이 바로 데이터의 표준화가 필요한 이유다.

두 번째로 표준화된 데이터는 활용성이 증가되고 이는 생산된 제품의 경쟁력을 강화시킨다. 2014년 시범 시행된 '자동차 부품기업 공동활용 빅데이터 플랫폼 구축 사업'에서는 자동차 부품 생산 공정에 입력되는 설비 및 품질 데이터와 불량률 데이터를 표준화하였다. 이를 통해 데이터를 비교·분석하여 작업 조건에 따른 생산품의 불량률 패턴을 파악하게 되었고, 이를 기반으로 일부 생산 조건 변화를 통해 약 3.7%의 불량률 감소를 확인하였다.

데이터 거래 시장이 확대될수록 사회·경제적으로 이를 규명하고 규제하며, 표준화하려는 노력은 지속될 것이다. 데이터의 양과 질에 따라 데이터의 가치가 매겨지고 가격이 책정될 것이다. 데이터를 가치화하기 위해서는 비정형의 데이터를 정형화하는 단계가 매우 중요하다.

데이터의 규제와 개방의 균형 필요성

기술이 사회적 영향력을 갖는다는 것은 과학기술의 발달이 인류의 생활에 가져온 변화를 보면 알 수 있는 사실이다. 그러나 기술이 사회적 영향력을 가진다는 것과 기술이 사회를 결정한다는 것은 분명히 구분되어야 한다. 기술철학자들에 의해 기술과 사회의 관계가 개념화되었는데, 그중 대표적인 것이 '기술결정론'과 이를 비판하는 '기술의 사회적 구성론'이다. 기술결정론에 의하면 기술은 그 자체의 고유한 발전 논리, 즉 공학적 논리를 가지고 있기 때문에 사회에 일방적 영향을 미친다고 한다. 그러나 기술의 사회적 구성론 관점에 의하면 기술적 인공물은 사회 집단들의 상호작용이나 협상에 의해 사회적으로 구성된다. 그렇다면 데이터노믹스 시대에서 데이터의 생성과 활용은 우리 사회에 어떠한 영향력을 미치며 어떤 위치를 차지하고 있을까. 이에 대한 심도 있는 논의가 필요하다.

제2차 세계대전 중 미국이 주도하여 핵폭탄 개발을 목적으로 맨해튼 프로젝트가 진행되었다. 1945년 일본에 투하된 핵폭탄으로 6년간 이어진 제2차 세계대전은 종식됐지만, 약 34만 명의 민간인 학살과 인류 역사상 가장 많은 재산 피해를 남긴 파괴적 전쟁이라는 주홍글씨를 새기게 되었다. 또한 핵문제는 아직도 국제사회의 트러블 메이커로 작용하며, 세계의 국방과 안보, 경제를 위협하고 있다. 이는 사회가 기술을 제대로 규제하지 못하였을 때 발생할 수 있는 문제점을 여실히 보여 준다. 특히나 기술이 인간 생활에서 더 이상 떼어낼 수 없는 영역이 된 현대에서는 기술을 제대로 규제하지 못하면 그 화살은 결국 사회구성원들에게로 돌아오게 될 것이다. 기술의 목적과 활용법을 적절히 관리하는 것이 규제이고, 규제를 벗어난 기술은 우리 사회에 언제 핵폭탄이 되어 돌아올지 모를 일이다.

2013년 국내 주요 카드사의 회원 정보가 불법적으로 유출된 사건이 있었다. 이로 인해 대한민국 국민 2명 중 1명꼴로 개인 정보가 유출되면서 사회 각층에서 정보 보안에 대한 논란이 제기되었다. 보안 문제의 발생 원인은 다각적으로 바라볼 수 있지만 그중에서도 가장 쉽게 설명될 수 있는 원인은 수요에 따른 매매 시장의 부재다. 회원 정보 유출 사건은 신용평가업체의 직원이 광고대행사와 대출기업에 고객정보를 불법으로 유출하면서 발생된 사건이었다. 정보화사회에서 정보가 곧 자본이 된다. 수많은 기업들은 고객을 유치하고 더 많은 수익을 올리기 위해 관련된 정보를 필요로 하지만, 적절한 공급처를 찾기가 어렵다. 수요와 공급의 불균형으로 인해 발생한 정보 유출 사고의 한 단면이다.

기술과 정보의 규제와 보안은 기술결정론과 기술의 사회적 구성론으로 규정짓기는 힘들어 보인다. 데이터노믹스는 새롭게 요구되는 수요에 발맞춰 변화를 지속할 것이고, 이를 이루는 기술은 여전히 빠르게 개발되고 있기 때문이다. 사회 변화는 새로운 기술 수요를 창출하고, 기술의 변화는 새로운 생활 형태를 제시한다. 데이터노믹스에서 기술과 사회는 상호 보완적 관점에서 바라볼 수 있을 것이다.

국내에서는 최근 빅데이터 거래 활성화를 통해 산업 육성을 도모하고자 데이터 거래 규제 완화 정책을 제시하였으며, 「빅데이터이용및산업진흥등에관한 률(안)」이 지난 2015년 발의되었다. 단순히 빅데이터 관련 규제 완화뿐만 아니라 비식별화 및 체계적 관리 체계를 동시에 제시하고 있다. 그러나 제시된 제재 조항들의 기술적 보완은 불가피해 보인다. 앞으로 규제와 완화의 선에서 「빅데이터이용및산업진흥등에관한법률」이 국내 데이터 시장의 성장과 데이터 제공자 보호의 경계에서 얼마나 역할을 해줄지는 조금 더 지켜볼 문제다.

특히 현재 제시되는 비식별화 가이드라인은 규제 수준이 너무 높아 실제 데이터산업 활성화를 저해한다는 목소리가 높다. 빅데이터와 개인정보 비식별화 규제라는 양날의 칼을 잘 사용하기 위해 균형점을 찾기 위한 사회적 합의가 필요하다. 그렇지 않으면 위험한 게임으로 변질되어 데이터 산업은 산업대로 위축되고, 데이터 거래는 음성화되어 새로운 사회적 비용을 부담해야 한다.

참고문헌

김선애(2014). "보안과 빅데이터, 윈-윈 관계 형성하라". ≪NetworkingTimes≫, 4월호, 180~183쪽.

김익균(2014). 빅데이터 분석 기술과 사이버 보안. ≪TTA저널≫. 제153권. pp.16~22.

미래창조과학부(2015). 『2015 규제개선 사례 모음집』. 미래창조과학부.

민노씨(2016.10.06). "위험한 게임: 빅데이터와 개인정보 비식별 조치 가이드라인". 슬로뉴스. http://slownews.kr/58140

신신애 · 김성현 · 송경빈(2015). 『2015년 빅데이터 글로벌 사례집』.

이장규 · 홍성욱(2006). 『공학기술과 사회』. 지호

허필선(2013). 공공정보 민간활용 시장 및 파급효과. ≪Electronics and telecommunications Trends≫, 제28호, 제4권, 118~131쪽.

DeLone, Willian H. & Mclean, Ephraim R.(2004). "Measuring e-Commerce Success: Applying the DeLone & McLean Information Systems Success Model". *International Journal of Electronic Commerce*. Vol. 9, No. 1, pp.31~47

10

데이터노믹스가 만드는 신세계

데이터노믹스는 혼합현실 · 인공지능 기술과 결합하여 노동 · 여가 · 배움 · 가르침이 서로 끊김 없이 연결되는 '접힌 세계'를 가능하게 한다. 데이터는 도시자원을 연결하여 시민 참여 플랫폼으로 제공하는 스마트시티의 기반이며, 산업 종결 시대에 새로운 직업의 창구이자 골고루 퍼져 있는 미래의 흔적을 밝히는 전도자다. 하지만 데이터노믹스는 모형 중심 접근이라는 태생적 한계 때문에 특이점과 현실의 모순들을 끊임없이 껴안으며 진화하는 창조적 파괴 환경을 구축해야 한다.

'접힌 세계', 데이터 기반의 미래사회

기술은 스스로 사라지는 것을 목표로 한다. 기술은 존재하지만, 우리가 접하는 모든 사물들 속으로 기술이 스며들어 우리가 미처 기술이라고 느낄 수 없는 상태가 기술의 궁극적 진화 방향이다. 예를 들면 우리가 지금은 스마트폰을 들고 다니지만, 향후 개발하려는 기술들은 우리의 일상 공간이 디바이스가 되어 동일한 기능을 수행하도록 하는 것이다. 우리가 만지는 창문, 우리가 쓰는 안경, 사무실에 있는 책상, 타고 다니는 자동차, 매일 보는 거울 등에 개개인의 고유한 로그인 데이터가 자동으로 전송되며, 언제 어디서든 우리가 작업하던 환경 그대로 동기화된다.

데이터는 끊김 없는(seamless) 환경에서 기존 데이터, 메타데이터, 파생 데이터가 적층으로 생성되어 세밀하게 각자의 정체성을 드러내며, 누구라도 네트워크 위에 자기만의 사이버 세계를 만들게 한다. 특히 가상현실을 넘어 혼합현실(Mixed Reality) 기술의 발달은 물리적 세계와 사이버의 경계를 모호하게 한다. 그래서 오늘날의 사회관계망서비스(SNS)보다 더 많이 노출되지만, 다른 한편으로는 더 파편화된 자신만의 세계를 만들어 낼 수 있게 될 것이다. 물리와 사이버의 경계가 사라지면, 우리들은 같은 물리 공간에 있어도 각자 자신만의 사이버 공간에 깊숙이 들어갈 수 있다. 이런 상태를 '접힌 세계(folded world)'라 한다. 마치 우리가 컴퓨터 하드디스크에서 하나의 폴더를 열면 그 안에 새로운 폴더나 파일 더미가 나타나듯, 물리적 세계에서 네트워크로 접속된 각자의 공간으로 들어가면 그들만의 사이버 국가가 만들어지는 것이다. 만약 어떤 사람이 후기인상주의를 좋아한다면, 마치 고흐의 그림 같은 사이버 환경을 만들고 SNS에서 친구를 초청하듯이 사람들을 자기 국가의 주민으로 초청할 수 있다.

이런 접힌 세계에서는 노동이 소멸된다. 아니, 소멸된다기보다 노동, 여가, 배움, 가르침이 서로 끊김 없는 상태가 된다는 것이 정확한 표현이다. 접힌 세계에서는 새로운 직업들이 기존의 직업들을 대체한다. 구글 알파고와 이세돌의 바둑 대결 이후, 사람들은 그동안 소리 없이 진척된 로봇 기술과 인공지능(AI) 기술에 많은 관심을 던지며, 특히 자신의 현재 직업이 사라질지 모른다는 불안감을 가지게 되었다. 인공지능 로봇에 의한 자동화, 소프트웨어로봇(SW-Bot)에 의한 전문화로 직업이 사라질 수 있지만, 그것은 어디까지나 현재 직업과 직종 안에서 바라보는 것이다. 기술의 발달은 새로운 직업을 등장시킨다. 산업혁명 시기에 사람의 직업은 300개가 전부였지만, 지금은 2만 개 정도의 직업이 있다. 기술 경제 관점에서 보면

고도화된 기술은 분업화를 통한 새로운 직업을 창출한다. 미래학자 토머스 머레이(Thomas Murray)는 그 비율이 1:2.6, 즉 잃어버리는 직업 1개 대비 새로운 직업 2.6개가 창출된다고 설명한 바 있다. 다만, 어떤 직업이 사라질지 예측하는 것은 쉽지만 어떤 직업이 새롭게 나타날지는 미리 예상하기 힘들다. 오늘날 가장 뜨거운 직업은 불과 10년 전에만 해도 상상되지 않던 직업이듯이, 아바타 디자이너(avatar designer)나 심리스 건축설계사 같은 직업들이 미래 사회에서 가장 인기 있는 직업이 될지 모른다. 다음 시대는 인류 모두가 자기만의 독특한 직업을 가지는 1인 직업의 시대가 될 것이다.

이러한 미래사회를 우리는 어떻게 준비해야 할 것인가. 카이스트 오혜연 교수의 말처럼 지금은 인터랙티브 기계학습, 전산사회과학, 인간-컴퓨터 상호작용, 컴퓨터를 통한 협력 등에 대한 근본적 관심이 필요한 시점이다. 더불어 미래 사회의 인간 정체성에 대한 더욱 근본적인 질문들이 필요하며, 기괴한 방향으로 과열된 현재의 교육 문화를 돌이켜보아야 한다.

데이터 기반 스마트시티

스마트시티는 도시가 사물인터넷과 클라우드 기술을 이용하여 도시 내 모든 자원을 연결하고, 시민 참여형 도시 플랫폼을 통해 도시 서비스를 제공하는 상태를 말한다. 이러한 스마트시티는 높아져 가는 도시화로 발생하는 주거, 교육, 교통, 환경 등 여러 문제를 디지털 기술을 이용하여 해결하고, 도시의 지속가능성과 운영의 효율화를 확보할 수 있게 한다. 이러한 스마트시티의 플랫폼에서 가장 필요한 것은 축적된 데이터다. 스마트시티는 스마트 이동체, 스마트 에코, 스마트 경험, 스마트 헬스, 스마트 플랫폼 등의 엔진들이 필요한데, 이것은 종래의 도시 기능을 창의적이고, 참여적 소비가 가능하며, 상호 연결된 상태로 전환시키는 것이다.

데이터 처리 기술과 인공지능 관련 기술은 스마트시티의 발전을 가속화한다. 2016년 스탠퍼드대학교의 AI100 연구소(One Hundred Year Study on AI)는 2030년에 AI가 우리 생활에 미칠 영향을 미리 예상해 보면서 교통, 홈, 건강, 교육, 복지, 안전, 일자리, 대중문화 등 폭넓은 분야에 걸쳐 인공지능의 현재와 미래를 조망하였다. 연구소는 가까운 시일 내에 자율주행 자동차가 대중화될 것으로 보고, 이로 인해 카셰어링이 늘어나고 대중 교통수단이 변모

될 것이라고 예상하고 있다. 매킨지 보고에 따르면 자율주행자동차 시대가 도래하면 사람의 실수로 인해 발생하는 차 사고가 지금보다 90%가량 줄어들 것이라고 내다봤다. 운전을 할 필요가 없으므로 차량 내부에서 스마트 기기와 연동되고 인터넷과 연결되는 다양한 서비스를 이용하는 커넥티드카(Connected Car)가 활성화될 가능성이 높다. 무인자동차는 우리를 원하는 장소에서 픽업하고 내려놓을 수 있다. 언제 어디서나 안전하게 사용 가능한데 자동차를 소유할 필요가 있을까? 자동차를 소유하지 않으니 주차장도, 정비소도, 보험도 필요 없을지 모른다. 손발이 자유로운 스마트시티의 주민은 데이터 기반의 경험 산업(experience industry)을 소비한다.

현재 한국이 추진하는 스마트시티는 조금 억지스러운 모습이 있다. 계획은 중앙정부, 실행은 진흥기관(Agency), 테스트베드는 지역 공간에서 이루어진다. 첨단산업 분야의 정책 운영 방식만 그런 것이 아니다. 산업, 교육, 혁신, 문화, 연구개발 등 어느 것 하나도 이 범주에서 벗어나지 않는다. 도시공화국 형태를 역사적으로 경험한 유럽의 나라들은, 국가 중심에서 도시 중심으로 관리 시스템이 전환되는 미래에도 여전히 지속가능성을 확보할 것으로 보이지만, 우리나라는 많은 시행착오가 예상된다. 특히, 우리의 스마트시티가 또 다른 자본의 소비 식민 시장으로 전락하지 않기 위해서 각 도시별 특성이 반영된 소프트 중심의 스마트시티가 구축되어야 한다. 구축의 핵심에는 도시 특성 데이터가 획득-정제-메타화-거래-폐기되는 데이터 생명주기 관리와 데이터 거버넌스가 확보되어야 한다. 도시의 실제 환경과 연결된 데이터가 정제되어 개방되고, 시민 참여형 공유경제를 만드는 과정에서 도시 자체가 데이터 기반의 도시 플랫폼이 되는 것이다.

소프트웨어 산업의 종말

지난 30년간 소프트웨어 산업은 찬란했다. 소프트웨어는 정보화 시대의 핵심 요소였고, 이에 힘입어 마이크로소프트, 애플, 구글 같은 대표 기업들이 세계 최고 기업으로 성장할 수 있었다. 소프트웨어 산업은 반도체 산업의 세 배, 휴대폰 시장의 2.8배에 달하는 대규모 산업으로 성장했다. 하지만 산업으로서 소프트웨어는 끝이 보인다. 일반적으로 산업은 기업(가치사슬망), 사람(노동자), 제도(문화와 정신)가 이루어진 생태 환경을 말한다. 생태는 내외부적으로 열린 시스템이다. 지금 소프트웨어 시장은 오픈소스와 클라우드로 판갈이를 하고 있다. 라이선스로 돈을 벌던 시대가 저물어 간다. 앞으로 소프트웨어 산업은 대·

중 · 소기업 밸류 체인과 노동, 지식 등으로 구성된 전통적 산업 구조가 아니라, 극소수의 대기업과 분업화된 개별 노동자가 직접적으로 연결된 산업 구조로 변화될 것이다. 모든 소프트웨어 기술은 컴포넌트로 개방되고, 컴포넌트의 조합을 통해 누구나 비교적 쉽게 완성된 솔루션을 만들 수 있는 산업 환경이 된다. 소프트웨어는 산업으로서 역할보다 사회문제를 해결하는 역할을 수행할 것이다.

이런 변화들이 예고된 상황에서 한국의 전문 인력 양성 정책은 지금 소프트웨어 함정에 갇혀 있다. 소프트웨어적 사고를 하는 인력 양성이 목적이지만, 우리의 제도나 문화가 전혀 소프트웨어적이지 않다. 우리의 소프트웨어 산업 정책은 실패로 끝날 개연성이 높다. 이미 글로벌 기업들이 자신의 모든 소프트웨어를 공개하고, 그것을 클라우드로 개발하는 환경까지 만들어 주고 있다. 우리나라는 국가가 앞서서, 공공 분야뿐만 아니라 민간 분야에서 클라우드 사용의 전도사 역할을 하고 있으며, 관련 육성법까지 만들었다. 여기에서도 우리 경제 성장의 핵심 전략인 빠른 추격(fast-mover)이 유효할지 미지수다.

경제 문제를 단순화시키면 노동과 자본의 대체 관계다. 이러한 대체 관계를 가능하게 만드는 것이 기술혁신의 역할이다. 즉, 노동 집약적인 산업은 기술 혁신을 통해 변동

비용을 최소화하는 방향으로 진화된다. 이 과정에서 새로운 기술을 다루는 전문 인력이 생겨나고 단순 노동자는 점차 사라지게 된다. 소위 노동의 전문화가 만드는 분업을 통해 하나의 과업에 대해 더 많은 직업들로 세포 분열한다. 소프트웨어 산업은 이제 이러한 노동 전문화의 세포 분열로 쪼개질 수 있는 한계가 보인다. 그럼 이 산업에서 남는 것은 무엇일까? 가치를 발견하고, 문제를 정의하는 자만 남을 것이다. 그런 사람을 '문제정의자(Problem Definer)'라고 부르고, 그러한 환경을 지원하는 소프트웨어를 '사회문제해결 소프트웨어'라고 부를 수 있다. 문제정의자의 양성은 소프트웨어 중심 대학, 소프트웨어 마이스터고, 초등학교 소프트웨어 교육같이 제도권 내에서 교육을 통해 배출되는 것이 아니기 때문에 사라지는 산업에 대한 인력 양성의 방향 전환이 필요하다.

데이터 기반으로 미래를 예측

『뉴로맨서(Neuromancer)』 작가 윌리엄 깁슨(William Gibson)이 말한 "미래는 이미 와 있다. 다만 골고루 퍼지지 않았을 뿐"이라는 말은 데이터를 기반으로 미래를 연구하는 사람들에게 매우 큰 희망을 주는 말이다. 앞날을 알고자 하는 인간의 오랜 욕망은 오늘날 대규모의 데이터를 처리하고 분석하는 기술에 대한 관심으로 이어지고 있다.

세계경제포럼은 2014년에 발표한 '미래를 바꿀 10가지 이머징 기술' 중 '데이터를 활용한 미래 예측 분석(Predictive Analytics)'을 선정하였으며, 가트너는 예측 분석 기술(Prescriptive Analytics)이 현재 혁신 도입기(Innovation Trigger)에 있으며 5~10년 내에 성숙될 것으로 전망하는 등 데이터 기반의 미래 예측은 현실로 다가오고 있다.

데이터 기반의 미래 예측 전략이란 미래를 예측하고 전망하는 활동에 빅데이터를 접목하여 과학적으로 문제 해결의 대안과 전략을 마련하는 것으로, 전문가 중심의 전통적 미래 연구와 데이터의 과학적 분석을 결합하여 새로운 통찰과 객관적 예측이 가능하다. 즉, 현실의 다양한 이슈에 대한 객관적 진단과 변화 추세 확인이 용이하며, 미래 사회 모습의 전망에 그치지 않고 잠재적 위협 요인이나 기회 요인을 예측하여 사전 예방 및 대응을 강화할 수 있다. 유엔글로벌펄스(UN Global Pulse)가 SNS 데이터 중 일자리 관련 단어에 대한 감정 점수를 부여하고, 공식적으로 발표된 실업률 간 연관성을 도출한 결과 90% 이상의 신뢰수준으로 실업률을 예측할 수 있게 된 점은 데이터 기반 미래 예측의 좋은 사례다.

데이터 기반 미래 예측 기법은 Google.org에서 서비스하는 독감 지도처럼, 대규모 데이터를 관계 네트워크로 교차분석하여 연관성 중심으로 미래를 예측하는 방법에서부터, 가능한 미래와 선호하는 미래를 예측하는 시나리오 기법, 독일의 4차 산업혁명을 이끌어 가는 나선형 미래 예측 기법인 모순지향법(WOIS, Widersprüche Oriented Innovation System)에 이르기까지 다양한 형태로 활용된다. 이미 주요국에서는 미래 예측과 정책 결정에서 지금까지 전문가 집단에 의존하던 방식에서 벗어나 데이터의 과학적 분석을 통해 새로운 통찰을 얻고 객관성 및 신뢰성을 제고하고 있다. 영국 호라이즌 스캐닝센터(HSC), 캐나다 정책전략청, 미국 국가정보위원회(NIC) 등은 데이터 기반 미래 예측 및 국가 전략 수립의 전초기지 역할을 하고 있다. 한국은 각 부처별 산하기관에서 흩어져 미래 연구를 하고 있지만, 각 행정부처의 역할 안에서 정책 어젠다를 발굴하기에 통합적 시각에서 미래 예측 및 정책반영에는 한계가 있어, 국가 단위의 데이터 기반 미래 예측 및 정책 반영을 주도하는 컨트롤 타워가 필요하다.

데이터의 한계, 어떻게 준비할 것인가

데이터 중심 사고의 한계는 명확하다. 그것은 모형화에 있다. 데이터노믹스는 궁극적으로 현실 설명력이 높은 모형을 만드는 데 필요한 데이터를 생산하고 정제하고 거래한다. 모형은 불행히도 진리가 아니라 진리에 대한 근사치를 만들어 가는 주관적인 모형화(modeling) 과정을 거친다. 데이터는 우리가 보고 싶은 대로 보여진다. 데이터가 절대적으로 객관적이라는 믿음이 사람들에게 있다. 그러나 우리는 데이터가 실제로는 객관적이지 않다는 사실을 알아야 한다. 여기서 현실 문제 해결이나 목적한 시스템을 구축하기 위해 현실 설명력이 높은 모형을 만들어야 한다는 책임도 따른다.

데이터노믹스 경제를 활성화하기 위해 데이터 기반의 창조적 파괴가 가능한 생태 환경이 조성되어야 한다. 창조적 파괴가 어려운 것은 인식이나 전략의 실패가 아니라 기득권을 가진 지배적 사업자가 판을 뒤집는 단절적 혁신에 소극적으로 대처하기 때문이다. 노키아의 몰락이 이를 선명하게 보여 준다. 노키아는 혁신에 실패한 기업이 아니다. 노키아는 콘텐츠 플랫폼이나 모바일 운영체제 등을 선제적으로 내보였지만, 단절적 혁신을 수용할 생태 환경을 만드는 데 실패하였기에 기업이 무너졌다. 창조적 파괴는 일종의 노화하는 과정인 셈이다. 창조적 파괴는 특이점(singularity) 혹은 와해성 기술(disruptive technology)과 현실의 모순을 껴안으며 진화하는 일종의 자연현상으로 이해해야 한다. 그것은 회피할 수 있는 것이 아니다. 노화가 야기하는 많은 문제를 방지하기 위해, 노화 자체를 막는 데 모든 노력을 기울이려는 것은 어리석고 위험한 발상이다. 노화라는 자연현상에서 발생하는 부작용을 최소화하고, 가능한 한 특이점과 와해성 기술을 껴안는 모순지향적 전략과 설계가 필요할 뿐이다.

그것은 단일 기업과 산업에만 적용되는 것이 아니라, 개인과 도시에도 마찬가지로 적용되어야 한다. 어쩌면 이것은 용기의 문제인지도 모른다. 현재 자원에서 모순(특이점)을 껴안는 것은, 경로에 의존한 계획경제 방식이 아니라 용기가 수반되는 선택이고, 그 선택은 아마도 다음 세대에서 명암이 분명하게 갈라질 것이기 때문이다. 우리는 더 나은 미래를 건설하기 위한 여정으로 더 나은 과거를 선택하는 데서 출발한다. 지금 우리에게 더 나은 과거가 없다면, 오늘이 바로 더 나은 미래의 출발점이 될 수 있도록 지혜를 모아야 한다. 데이터노믹스로 변하는 패러다임 전환기에 채를 잡아야 한다.

참고문헌

국제미래학회공저(2014). 『전략적 미래예측 방법론』. 도서출판 두남.

권대석(2012). 『클라우드와 슈퍼컴퓨팅이 이끄는 미래 빅데이터혁명』. 21세기북스.

김회권(2014.10.30). “대한민국 ‘정부3.0’ 소리만 요란했지 닫혀 있다”. ≪시사저널≫. http://www.sisapress.com/journal/article/140309

노만 매트로프 지음, 권정민 옮김(2012). 『빅데이터 분석 도구 R 프로그래밍』. 에이콘.

대한민국정부(2016). 『2016년도 국가정보화에 관한 연차보고서』. 미래창조과학부

박상인(2016). 『삼성전자가 몰락해도 한국이 사는길』. 미래를소유한사람들

사토 히로유키 외 지음, 정인식 옮김(2014). 『데이터 과학자, 무엇을 배울 것인가』. 제이펍.

오정연(2014). 『빅데이터기반 미래예측 및 전략수립 의의와 사례』. 미래창조과학부.

오혜연(2016.3.17). “인공지능과 인간의 미래”. ≪중앙일보≫. http://news.joins.com/article/19736242

온혜선(2016.1.21). “김규일 미시간대 교수, 빅데이터 경제학 시대 온다”. 조선비즈. http://m.biz.chosun.com/svc/article.html?contid=2016012100190

윌리엄 깁슨 지음, 김창규 옮김(2005). 『뉴로맨서』. 황금가지.

윤지영(2015.9.17). “연결된 세상에서 신뢰란 무엇인가?”. Organic Media Lab. https://organicmedialab.com/2015/09/17/a-problem-definition-of-trust-in-a-connected-world/

이윤주 외(2016.10.6). “또 하나의 천지창조 4차사업혁명”. ≪경향신문≫. http://biz.khan.co.kr/khan_art_view.html?artid=201610051758005&code=920100

이효찬(2016.8.12). “빅데이터산업 성장 필수요건 ‘데이터 거래시장’”. 프라임경제. http://www.newsprime.co.kr/news/article.html?no=345583

전채남(2016.2.14). “ 대구의 스마트시티 만들기”. ≪대구신문≫. http://www.idaegu.co.kr/news.php?mode=view&num=188861

토머스 리몬첼리 외 지음, 류광 옮김(2016). 『클라우드 시스템을 관리하는 기술』. 한빛미디어.

한국데이터베이스(2014). 『데이터분석전문가 가이드 2014 Edition』. 한국데이터베이스.

Downey, Allen B.(2014). *Think Bayes*. O’reilly.

Provost, Forster & Fawcett, Tom(2013). *Data Science for Business*. O’reilly.

김희대

재단법인 대구디지털산업진흥원 수석연구원이다. 카이스트에서 기술경영학으로 석사와 박사학위를 받았다. ICT산업정책과 기업육성, 소프트웨어산업생태계조성 업무를 담당하고, 데이터사이언스학회, 아시아트리플헬릭스미래학회에서 이사를 맡고 있다. (사)지역소프트웨어사업발전협의회 사무국장으로 활동하며, 경북대학교 등에서 비즈니스 모델 설계, 글로벌 창업 관련 과목을 강의한다.

첫 직장 경험으로 한때는 철강회사 사장이 되고자 했다. 모두가 저 하고픈 대로 하고도 행복해지는 세상의 보물지도를 여전히 꿈꾸는 몸만 큰 어린아이이다. 작은 딸과 사십일 동안 안나푸르나를 두 발로 어지럽히면서 생명을 깨닫고 개인적 소명을 얻는다. 스스로 포지션 디자이너라 부르며 개인 · 기업 · 산업 · 도시 · 국가, 그리고 생명 관계의 위치를 '행복'으로 옮기려는 시시포스 신화를 쓴다.

산업클러스터, 혁신시스템, 소셜네트워크, 데이터노믹스, 스마트시티, 사회문제해결 SW 등을 주제로 *International Small Business Journal*, *Scientometrics*, *Asia Pacific of Information Systems* 등에 다수의 논문을 게재하였다.